中国—中东欧国家高校联合会
China-CEEC Higher Education Institutions Consortium

U0745809

中国—中东欧国家
教育合作优秀案例选编

CEAIE 中国教育国际交流协会 编著
CHINA EDUCATION ASSOCIATION FOR INTERNATIONAL EXCHANGE

中国人民大学出版社
·北京·

图书在版编目（CIP）数据

中国—中东欧国家教育合作优秀案例选编 / 中国教育国际交流协会编著. -- 北京：中国人民大学出版社，2023.12

ISBN 978-7-300-32357-2

Ⅰ.①中… Ⅱ.①中… Ⅲ.①教育-国际合作-案例-中国、中欧、东欧 Ⅳ.①G523.3

中国国家版本馆 CIP 数据核字（2023）第 234707 号

中国—中东欧国家教育合作优秀案例选编
中国教育国际交流协会　编著
Zhongguo-Zhongdongou Guojia Jiaoyu Hezuo Youxiu Anli Xuanbian

出版发行	中国人民大学出版社				
社　　址	北京中关村大街 31 号		**邮政编码**	100080	
电　　话	010 - 62511242（总编室）		010 - 62511770（质管部）		
	010 - 82501766（邮购部）		010 - 62514148（门市部）		
	010 - 62515195（发行公司）		010 - 62515275（盗版举报）		
网　　址	http://www.crup.com.cn				
经　　销	新华书店				
印　　刷	涿州市星河印刷有限公司				
开　　本	787 mm×1092 mm　1/16		**版　　次**	2023 年 12 月第 1 版	
印　　张	11.5 插页 1		**印　　次**	2023 年 12 月第 1 次印刷	
字　　数	255 000		**定　　价**	68.00 元	

编写委员会

2012 年 4 月 26 日，中国与中东欧国家领导人会晤在波兰华沙举行，中国—中东欧国家合作宣告成立。2021 年，中国国家主席习近平在中国—中东欧国家领导人峰会上强调，中国—中东欧国家合作坚持共商共建、务实均衡、开放包容、创新进取，是多边主义的生动实践，是中欧关系的重要组成部分。

回顾十余年历程，中国与中东欧国家合作经历了时间和国际形势复杂变化的考验，形成了具有互补发展优势、强劲合作需求、共同振兴愿望的合作伙伴关系，在经贸、文化、教育、农业、旅游、科技、卫生、智库等多领域成果丰硕，开创了共赢多赢的良好局面。特别是在教育领域，中国与中东欧国家签署了多项包含教育合作内容的双边文件；与罗马尼亚等 11 国签署学历学位互认协议；建立起"中国—中东欧国家教育政策对话""中国—中东欧国家高校联合会"等多个教育合作机制，有力推进了中国与中东欧国家高校合作不断走深走实。

为全面展示十余年来中国与中东欧国家高校双边、多边合作取得的成果，中国教育国际交流协会作为中国—中东欧国家高校联合会中方秘书处，面向中方成员高校征集双方教育合作优秀案例，最终选编 20 个案例结集出版。本书通过人才培养、科研合作、平台搭建和人文交流四个篇章，高层次、宽领域、多角度展示了中国与中东欧国家在高等教育领域合作取得的示范性成果。纵览全书，入选案例所属高校覆盖所有"中国—中东欧国家合作"成员国，涵盖经济、文学、医学、化学、生物、音乐、出版、环境、建筑等领域，包括产教融合、人才联合培养、平台建设、高端智库、联合实验室、合作办学、区域联盟、高水平竞赛等合作模式。这些案例是中国与中东欧国家高校探索合作实践的第一手宝贵经验，既反映了中国与中东欧国家教育合作的特色，也体现了教育国际交流共性规律，为高校进一步拓宽对外交流合作路径提供了来自一线视角的参考，帮助高校在未来扩展交流形式、丰富合作内涵、取得务实成果。

文明互鉴、民心相通是中国与中东欧国家合作行稳致远的基础，也是教育交流合作保持活力的源泉。希望本书能增进中国与中东欧国家教育交流和民间友好，推动"中国—中东欧国家合作"向更加坚韧、协调、开放、普惠方向发展，开启下一个充满新机的十年。

中国教育国际交流协会会长

刘利民

　　罗马尼亚布拉索夫特兰西瓦尼亚大学（Transilvania University of Brasov）作为中国—中东欧国家高校联合会第三届中东欧方轮值秘书处，一直致力于积极推进中东欧国家与中国大学的交流与合作。

　　过去十年，来自布拉索夫特兰西瓦尼亚大学和中国大学的 500 多名学生和学者分别在中国和罗马尼亚参加了各类教学和培训的交流项目，以及各类教育、科学、文化主题活动。自 2012 年与沈阳建筑大学合作建立孔子学院以来，学校已与中国高校及机构签订 17 个框架协定和伊拉斯谟＋（Erasmus＋）机制内关于教育和科研交流的合作协议，并主办第三届中国—罗马尼亚科技合作研讨会和两届中国—罗马尼亚大学校长论坛等活动，走在了罗马尼亚与中国学术科研合作的前沿。学校不断探索与中国高校人才联合培养路径，于 2015 年开设汉语专业本科课程，于 2017 年在西安外国语大学开设罗马尼亚语专业本科学位课程，并与北京中医药大学合作开设中医硕士课程。

　　长期以来，布拉索夫特兰西瓦尼亚大学与中国伙伴高校和机构的成功合作，使我们相信中国与中东欧国家未来将在学术、科学和文化合作方面取得更丰硕的成就，达成更务实的互利共赢伙伴关系。

布拉索夫特兰西瓦尼亚大学校长

伊安·阿布鲁丹

Ioan Vasile Abrudan

|目　录|

人才培养

科研合作

平台搭建

人文交流

人才培养

　　人才培养始终是教育合作的"主旋律"。中国与中东欧国家各领域合作不断深化，双方的长远发展需要源源不断的优质人才支持。目前，中国与中东欧各国均签署了教育合作协议，与罗马尼亚等 11 国签署了高等教育学历学位互认协议，为双方青年学子提供了更多的学业路径和高质量人才培养保障。

　　本篇选取双方高校在产教融合、共建课程体系、创新培养模式、实习实训、共建多边教育合作平台等方面的人才联合培养优秀案例，展示高校引进优质教育资源、学习借鉴先进经验、推动人才培养质量提升的积极探索。

精诚合作，产教融合，共建"创新之路"

——北京邮电大学与希腊高校人才联合培养实践

引言

希腊是共建"一带一路"的重要合作伙伴，是中国—中东欧国家合作机制的"新鲜血液"。本文重点回顾了北京邮电大学（以下简称北邮）与希腊前总理夫人佩里斯特拉·巴齐亚娜博士的友谊，系统梳理了北邮与雅典理工大学、伯罗奔尼撒大学、色萨利大学等多所希腊高水平院校在人才培养、科学研究、产教融合、创新发展等方面的深度合作历程，全面总结了双方合作的突出成果，包括共同完成国家外专局"一带一路"教科文卫引智计划、教授团队开展博士生联合培养、携手共建国际产教研联合实验室"1＋1＋1"创新共同体等，以点带面，有力推动惠及双方的深层次、全方位合作，为增进中希两国人文交流和民间友好、推进中国—中东欧合作机制取得成效做出贡献。

一、合作背景

近年来，中希高层交往频繁，两国在交通、能源、通信、金融等领域合作广泛，在设施联通、贸易畅通、资金融通等方面成果卓著，现已形成"多边平台加双边机制共同驱动、宏观政策与具体项目相互联动、贸易促进和投资合作并行推动"的全方位合作矩阵。中希合作是中欧合作的稳固支点，是中欧整体关系向前发展的桥梁和纽带。

当前，希腊政府高度重视信息技术发展，着力以数字化转型加速经济转型和产业升级、着力将自身建设为南欧"数字中心"，因此亟须培育大批数字化人才，推进相关领域产学研合作。在这一背景下，北邮作为中国的"信息黄埔"、信息科技人才的重要培养基地，受到希腊产业界及高等院校的格外关注。

北邮紧抓合作机遇，过去数年内陆续与雅典理工大学、伯罗奔尼撒大学、色萨利大学等多所希腊高水平高校建立实质性合作交流机制，引智聚才，创新合作交流平台，推进师生互访、人才联培、科研合作，与希腊高校携手共建"一带一路"创新之路。

二、发展历程

（一）领导人直接推动，中国—中东欧合作之花在希腊绽放

2017 年 5 月，首届"一带一路"国际合作高峰论坛召开，时任希腊总理阿列克西斯·齐普拉斯应邀出席，夫人佩里斯特拉·巴齐亚娜女士陪同访问。除了"总理夫人"的头衔之外，巴齐亚娜还是一名光通信网络博士、电气工程师，任教于雅典理工大学。她此次访华，特别向中国驻希腊大使馆提出，希望使馆协调其访问北邮，与北邮光通信等领域的专家学者进行学术交流。

在使馆的协助下，巴齐亚娜女士于"一带一路"高峰论坛开幕前夕访问北邮，同党委书记吴建伟会谈，并参访北邮网络与交换技术国家重点实验室（以下简称网国重）和信息光子学与光通信国家重点实验室（以下简称光国重）。她表示，"一带一路"高峰论坛着眼于政府间合作，而自己作为一名学者，更关注高校之间、学者之间的科研交流合作，特别是在自己研究的光通信领域。她希望作为桥梁纽带，促成北邮与雅典理工大学在信息通信等领域的合作交流，共建两校之间的"一带一路"，为推动中希人文交流和教育合作做出贡献。

2017 年 5 月，时任希腊总理夫人巴齐亚娜女士与北邮党委书记吴建伟举行会谈

在巴齐亚娜女士的推动下，北邮于 2018 年与雅典理工大学正式签署校际合作备忘录，建立两校师生交流互访的常态化机制。巴齐亚娜女士回国后，始终和信息光子学与

光通信研究院（以下简称光研院）以及光国重保持邮件往来，及时分享和跟进科研合作进展，提出双方团队共同指导博士研究生等合作意向。经中国驻希腊大使馆推荐，巴齐亚娜女士受聘为北邮客座教授，深度参与北邮国际化高层次创新人才培养工作。

担任北邮客座教授期间，巴齐亚娜女士多次携其研究团队及伯罗奔尼撒大学著名专家一同来华访问，同校领导会谈，并与光研院和光国重举行座谈会，就设立人才联合培养项目、推动两校教授联合指导博士生、共建"国际开放实验室"等合作内容进行探讨并形成可行性方案。巴齐亚娜女士还多次为北邮师生做学术报告，在其研究领域与师生深入交流。她表示，她受聘成为北邮客座教授并多次来华与师生进行学术交流的新闻被希腊媒体广泛报道，有力提升了北邮在希腊的知名度和美誉度。

2020 年，巴齐亚娜女士被聘为色萨利大学计算机科学与通信学院的全职助理教授，她来信表示，色萨利大学高度重视与中国高校合作，建有一所孔子学院。对她而言，北邮就像自己在中国的"娘家"，是自己的第二个学术家园，她希望继续作为桥梁，推动北邮与色萨利大学建立合作。2021 年 5 月，在巴齐亚娜女士的再次推动下，色萨利大学校长泽西斯·马莫里斯同时任北邮校长乔建永举行视频会议并签署合作协议，就后续包括汉语培训、学生交换、博士联培在内的多项合作交流活动达成共识，并初步探讨共建中希数字文化联合实验室、合办大学生创新创业展等全方位合作的可行性。

2021 年 5 月，北邮与色萨利大学举行视频会议并签署合作协议

多年精诚合作，让巴齐亚娜女士与北邮光研院多个教授团队建立了友好互信、互利共赢的伙伴关系。对于北邮而言，"总理夫人"巴齐亚娜女士选择北邮作为科研教育合作伙伴，体现了希腊高层领导对数字化人才培养的迫切需求，以及对北邮教学科研水平的高度认可；而"客座教授"巴齐亚娜女士不遗余力地推动北邮与希腊多所高水平院校建立实质性合作，更体现了其本人作为一名友好信使，对促进中希教育人文友好交流的热忱之心。

希腊媒体广泛报道巴齐亚娜女士受聘成为北邮客座教授并多次来华进行学术交流

（二）国家队强力对接，"一带一路"框架下孵化国家级合作平台

北邮光国重是国内光通信领域唯二依托高校建设的国家重点实验室之一。为进一步巩固和深化学校与希腊高校合作、创新人才联合培养和科研学术合作模式、依托学校信息领域核心优势全面推进对希合作交流，2018 年，北邮光研院张民教授与客座教授、雅典理工大学研究员巴齐亚娜女士共同申报国家外专局"一带一路"教科文卫引智计划——中国—希腊"国际开放实验室"与创新人才培养模式研究项目。项目顺利获批，执行期两年。

项目通过打造中国—希腊"国际开放实验室"这一国家级国际创新合作平台，引进希腊高水平大学知名专家来北邮交流访学，共同探索国际化人才联合培养创新模式。项目发挥合作双方优势，以点带面，旨在撬动北邮两个国家重点实验室和五个国家工程中心与希腊在通信、互联网等方面的科研共建和人才联培，打通中希科技文化及人才培养"新丝路"，在希腊建立高效可靠的"信息港口"，为我国优势领域科技文化进入欧洲设立"前哨基地"，服务陆路、海上、空天及信息"一带一路"倡议在欧洲的推进，同时助力学校依托信息领域核心优势全面推进与希腊乃至欧洲各国（地区）高校合作交流，全面提升学校国际影响力。

依托该平台，学校邀请了国际著名学者、伯罗奔尼撒大学的安东尼·博库瓦拉斯教授来校访学，为北邮研究生暑期学校讲授"Applications of Optical Amplifiers in Optical Wireless Communications"等课程，并与北邮实验室在通信计算、5G 移动通信、光纤器件及无线光通信等领域开展深入合作研究。双方多次召开线上研讨会，安东尼教授线上指导实验室完成"5G 光前传网络中基于意图的流量疏导方案及光纤数字孪生和建模"等多项研究，与实验室联合培养博士、硕士研究生十余人，在 *IEEE Access*、*Optics Express* 等国际顶级学术期刊联合署名发表学术论文数篇。"国际开放实验室"这一平台让本校师生得以在北邮校园内接触到国际学术前沿，有力促进了北邮在无线光通信等方向的科研进展。

安东尼教授为北邮师生授课

三、成果总结

"一带一路"创新之路建设的关键在于科技创新，在于打造发展理念相通、要素流动畅通、科技设施联通、创新链条融通、人员交流顺通的创新共同体。基于北邮与客座教授巴齐亚娜团队多年在科研学术、人才培养方面的友好合作，双方现共同探索开创"中方院校（北邮）＋希腊高校＋中方企业"（"1＋1＋1"）的国际创新共同体模式，即通过共建联合实验室，开展国际创新产教研合作。按照构想，该模式将有效结合北邮技术研发优势、希腊高校当地人力和市场优势，以及中方企业成果转化优势，推动三方互惠互利，共同发展。

大唐电信科技股份有限公司是国内知名电信制造企业，是北邮"拔尖创新人才"联合培养试点单位，对学校提出的"1＋1＋1"中希国际产教研联合实验室合作模式表现出浓厚的兴趣。通过多边实验室建设，三方将共同推进下一代移动通信、光通信系统研发及产业化，以及垂直行业信息化等方面的合作，形成长期产教研合作框架。一方面，该模式将推进中方高校和企业与希腊高校及产业链上下游建立合作联系，推动产业链创新，服务中方企业"走出去"；另一方面，三方还将在实验室框架下共同申请中国、希腊及欧盟的支持经费，组织科技及产业人员互访交流，吸引杰出青年科学家来华，举办培训班、创设奖学金项目等，创新开展各项人才培养活动，为企业培养当地员工，支持企业所在地发展。目前三方已展开多轮沟通，并形成初步合作意向。

国际产教研联合实验室"1＋1＋1"创新共同体模式高度契合"一带一路"和人类命运共同体的宏伟理念。合作三方将按照中国国家主席习近平提出的"开展科技人文交流、共建联合实验室、科技园区合作、技术转移"四项科技创新行动要求，依照优势互补、互利共赢的原则，有力加强中希信息通信等领域合作，打造中国—中东欧国家合作及"一带一路"产学研合作标杆项目，助力提升两国科技与产业发展水平。

2018 年 4 月，巴齐亚娜女士访问大唐电信科技股份有限公司

四、未来展望

2019 年，中国国家主席习近平在访希期间同希腊总理米佐塔基斯会谈时特别指出："中希关系有两大纽带，一是文明交流，二是互利合作。"文明因互鉴而多彩，民心因交流而相通。正因为中希两国人民始终"心相通"，所以才能汇聚源源不断的磅礴之力，进一步推动政策规划"软联通"和基础设施"硬联通"。

2022 年是中希正式建交 50 周年。在挑战与机遇共存的时代，北邮将一如既往地珍视与希腊友好高校及专家学者的友谊，重视与希腊高校及科研院所的教育科研合作交流。学校将立足自身在信息化、数字化、智能化领域的优势，不断拓展双边合作的广度和深度，以高质量国际交流平台、实质性国际交流活动、创新型国际交流机制等推动学校国际合作、学科发展和人才培养，为推进中国—中东欧国家合作机制和"一带一路"教育行动计划在希腊落地生根、开花结果做出贡献。

撰稿：北京邮电大学 陈岩、蔡远濂

【北京邮电大学简介】

北京邮电大学（Beijing University of Posts and Telecommunications）是教育部直属、工业和信息化部共建、首批进行"211 工程"建设的全国重点大学，是"985 工程优势学科创新平台"项目重点建设高校，是一所以信息科技为特色、工学门类为主体、工管文理协调发展的多科性、研究型大学，是我国信息科技人才的重要培养基地。2017 年，"信息网络科学与技术"和"计算机科学与网络安全"两个学科群进入一流学科建设行列。学校高度重视国际合作与交流，不断提高国际化办学水平。学校现与 200 余所国（境）外知名大学、科研机构、知名企业建立了深厚的合作与交流关系，与国际电信联盟等行业特色型国际组织开展深度合作。学校积极主办高层次、高规格国际会议，搭建与国际高水平大学的学术交流平台，增进与国际高水平大学的学术交流与对话，进一步提升国际影响力。

北京邮电大学在"团结 勤奋 严谨 创新"的校风、"厚德博学 敬业乐群"的校训和"崇尚奉献 追求卓越"的北邮精神的引领下，正朝着建成高质量信息科技特色世界一流大学这一宏伟目标而阔步前进。

【合作单位简介】

1. 雅典理工大学

雅典理工大学（National Technical University of Athens）成立于 1837 年，是希腊最古老的理工大学。学校现有 13 000 余名学生，共有 9 个学院、40 个系、190 多个设备齐全的实验室和研究中心，开展广泛的学科研究。雅典理工大学是希腊和东地中海地区远程信息网络前沿领域的领军高校。

2. 伯罗奔尼撒大学

伯罗奔尼撒大学（University of Peloponnese）成立于 2000 年，2002 年科技学院计算机科学与技术系及电信科学与技术系开始运行并接收首批学生。该校主校区位于的黎波里，现共有 5 个校区、9 个学院。学校高度重视国际合作，是欧盟伊拉斯谟＋计划成员高校。

3. 色萨利大学

色萨利大学（University of Thessaly）成立于 1984 年，主校区位于沃洛斯，学校使命是通过教学与研究促进科学进步，并为当地社区和整个社会的文化、经济发展做出贡献。根据《泰晤士报高等教育》公布的世界大学排名，色萨利大学在希腊国内排名第三，全球排名第 600～800。根据世界大学学术表现排名（URAP），色萨利大学在欧洲排名前 5%。学校将国际合作视为发展规划的重要部分，正大力建设现代化研究机构，吸引海外年轻科学家。学校已加入欧盟伊拉斯谟＋计划，与众多海外高校开展国际合作。

共建课程体系，创新合作模式

——北京外国语大学与保加利亚索非亚大学联合推进亚洲大学欧洲研究振兴项目

引言

北京外国语大学（以下简称北外）与保加利亚索非亚大学有着长期良好合作关系，近年来在共建孔子学院、伊拉斯谟＋计划、学生互换、教师交流等方面的交流不断深化，两校互访频繁。2018 年 5 月，索非亚大学依托欧盟伊拉斯谟＋计划启动欧洲研究再推动计划（EurAsia），并将北外列为合作院校之一，双方正式签约，由北外欧洲语言文化学院承担具体合作事项。

一、合作背景

亚洲大学欧洲研究振兴项目是一项高等教育能力建设项目，旨在加强 4 个项目国家（保加利亚、波兰、法国和意大利）以及 2 个伙伴国家（中国和印度）高等教育机构间的学术联系。北外为该项目的亚洲伙伴院校。项目经费由欧盟伊拉斯谟＋计划拨付。该项目着眼于在全球范围内建立和创新欧盟研究课程的挑战和需求，将在共享观点、知识、资源和建设透明的管理程序及赋予利益相关者权利的基础上，为所有合作机构的能力建设提供平等机会。项目内容包括制定原创性、创新性和以方法论为基础的欧洲研究课程，升级现有欧洲研究课程，以及开发研究区域合作问题的专门课程。该项目将制订连贯的培训计划、专家会议计划、共同开发教材和课外活动计划。亚洲大学欧洲研究振兴项目将在欧盟战略框架下，致力于学术联系、项目合作以及人才交流，从而加强欧洲和亚洲间的对话。

截至目前，北外已有 15 位教师参与了第一轮的三期集体项目培训，分别在保加利亚索非亚大学、波兰雅盖隆大学、意大利卡塔尼亚大学进行。教师分别来自北外欧语学院、法学院和国际商学院。按照亚洲大学欧洲研究振兴项目要求，参训学员须在自己所在高校开设与欧盟相关的课程。目前，北外参与该项目的教师均已在项目导师的指导下开设面向本科生、研究生的欧洲研究课程。

2018 年 11 月 4 日，亚洲大学欧洲研究振兴项目首次伙伴大学碰头会在卡塔尼亚大学召开

二、发展历程

"欧洲研究课程"的开发和实施过程主要集中在以下四个方面：

（一）课程集中培训研讨，解决课程开发的点面结合问题

欧洲非通用语教师在开设相关欧洲研究课程时，首先面对的问题就是对欧洲及欧洲研究缺乏系统全面的认识。各语种教师熟知对象国在欧盟内部承担的角色，但是很难在短期内全面掌握欧盟的整体政治体系、历史背景、重要时间节点和关键政策，因此在课程建设的过程中频频遇阻。集中培训为这一问题提供了解决方案。以上欧洲研究的系统性入门介绍均作为集中培训的重点内容呈现，配合相关文献，使非通用语教师能够在短时间内掌握课程建设所需的基础知识并选定后续深入研究的方向。

（二）针对性辅导，解决课程建设的教学和研究方法问题

针对性主要体现在教学法、研究方法和课程建设项目介绍以及点对点辅导几方面。问题驱动学习（problem-based learning）、项目驱动学习（project-based learning）、模拟情境学习（simulation game）和课堂激活（activation techniques）系统性地介绍了欧洲研究课程常用的教学法及其应用。Q 方法（Q method）则是近年来在态度调查和跨国研究方面受到欢迎的研究方法，也为后续基于课程时间进行合作研究提供了条件。项目组参与的让·莫内（Jean Monnet Programme）计划的介绍则为后续课程发展和成果推广提供了更广阔的拓展空间。

2019 年 1 月 10 日，项目负责人 Stoicheva 教授、项目专家 King 教授
到访北外，辅导北外欧盟/欧洲研究相关课程建设

（三）授课与实践，检验课程开发的课堂内外效果

教师完成项目集中培训与针对性一对一辅导后，形成完整的教学大纲和教案。本项目开发的 8 门课程分别于 2019—2020 学年、2020—2021 学年秋季学期开课，完成 1~2 轮的课程实践。教师在教学过程中依托项目开发成果对教学材料（包括理论教材、主题阅读材料等）进行丰富和优化。教学过程中注重课堂讲授和实践教学并举，同时强调课程思政内容，将《习近平谈治国理政》融入课堂教学。第一完成人获批校级"三进"课程建设项目，项目名称——《习近平谈治国理政》及"四史"进保加利亚语"外交理论与实践"课的探索。

（四）课程质量监控，掌握实践效果并优化教学内容

课程建设非一日之功，根据实践完成后的学生评价调整或更新教学内容也是重要的环节。在课程建设初期，亚洲大学欧洲研究振兴项目计划针对辅导为课程建设提供实用性强的资源和建议。通过参与计划教师组内的交流和讨论，一些共性的问题得以解决。首轮实践结束后，欧洲研究系列课程设计了统一的学生评价问卷，是独立于学校教务系统的教学评价，主要在欧洲研究系列课程对学生欧洲研究学习兴趣的影响方面进行评价。

欧洲研究系列课程反馈调查采用统一问卷形式，对参与系列课程的全部学生进行追踪式调查。调查主要从学生参与课程前后对欧洲研究的了解程度变化、进一步对欧洲研究的学习兴趣和未来对欧洲研究的研究兴趣等方面入手掌握欧洲研究系列课程的教学效果。调查结果显示，参与课程对提升学生对欧洲研究和欧盟各机构的整体了解有着显著的作用。参与课程的学生中，超过半数表示愿意或非常愿意考虑将欧洲研究相关主题作为本科论文选题；也有同样比例的学生表示愿意或非常愿意选择攻读相关专业的研究生。

在教学法方面，调查主要关注学生对教师所选用的教学方法的看法及学生获得的参考资料能否满足其需求。学生普遍对教师选用的教学方法及提供的阅读材料表示比较满意或非常满意。但调查结果同时也显示，教师在欧洲研究各领域的知识储备还有提升的空间。针对这一点，欧洲研究系列课程计划后续安排集中学习和专家讲座，逐步提升专业教师对欧洲研究的认识。

此外，参与调查的绝大多数学生认为，欧洲研究系列课程与其所学专业课程有较好或极好的衔接。

三、成果总结

（一）课程创新

欧洲研究系列课程建设主要在在线课程平台、欧洲研究系列课程评估追踪和国内外合作研究三方面进行了创新。

1. 在线课程平台

欧洲研究系列课程建设过程中注重对教师相关基础知识的培训和文献的挖掘。在实践阶段，为了进一步培养学生的知识素养和学术兴趣，也需要在课程覆盖的知识面以外为学生提供足量、可靠的学习资料。依托亚洲大学欧洲研究振兴项目的在线课程平台，欧洲研究系列课程在线学习资料包括：欧盟历史（European History）、欧盟机构（European Institutions）、欧盟一体化进程（European Integration Process）、欧盟语言政策（European Language Policies）、欧盟法律基础（Introdcution to European Union Law）、欧盟身份认同（European Union Identity）、跨文化传播（Cross-cultural Communication）、国际关系（International Relations）。

2. 欧洲研究系列课程评估追踪

欧洲研究系列课程在进入实践阶段后，使用统一的评估表格进行追踪式评估。评估活动独立于教务处教学评估，主要关注欧洲研究系列课程内各教学实践在以下维度的教学效果：学生在教学实践前后对欧盟/欧洲研究了解程度的变化；学生对后续进行欧盟/欧洲研究的态度；学生对选择欧盟/欧洲研究相关专业继续攻读研究生的态度；学生对教师提供的与欧盟/欧洲研究相关的学习材料是否满意；学生对教师选择的与欧盟/欧洲研究相关的研究方法是否满意。

3. 国内外合作研究

课程开发是本项目的主产品，在开发和实践过程中，也产生了国内外就课程开设的效果展开的合作研究。

2020 年，欧洲研究系列课程的开展迎来了新的机遇和挑战。在确保完成课程建设任务，以线上形式保证教学进度和教学质量的同时，项目组还就学生和教师对线上教学的态度进行了跨国合作研究。研究使用 Q 方法，目前已完成研究数据的收集和处理，共计 28 名学生和教师参与态度调查。目前项目虽已完成，但合作研究仍在继续，并已经进入合作成果产出阶段。

（二）成果运用及外溢效应

欧洲研究系列课程在建设信息和发布网页、召开和参与国际会议、资源转化和合作研究四方面进行成果推广。

1. 欧洲研究系列课程专属网页建设

欧洲语言文化学院二级网站专门为欧洲研究系列课程及亚洲大学欧洲研究振兴项目开辟了信息发布网页，及时更新课程建设进展、学习资源链接和国际交流新闻等。此外，欧洲研究系列课程还与亚洲大学欧洲研究振兴项目网站联动，发布课程及负责教师信息，扩大系列课程影响力。

2. 主办国际会议

2021 年 4 月 23—25 日，由北京外国语大学主办、索非亚大学协办的"亚洲大学欧洲研究国际研讨会"成功举办。会议邀请了来自保加利亚、英国、波兰、意大利、法国、印度、乌兹别克斯坦和哈萨克斯坦等国的专家学者。在会议开幕式上，项目负责人林温霜着重介绍了北外欧洲研究课程建设和实践情况。会议专门设置了欧洲研究课程建设分论坛，与会的各国专家就教学法、复合型人才培养、复语型人才培养等话题展开了深入讨论。林温霜特别就跨学科课程建设的议题进行了阐述，详细介绍了北外欧洲研究系列课程的开发和实践情况，引起了与会各方的广泛关注。

3. 课程资源转化

欧洲研究系列课程的开发离不开亚洲大学欧洲研究振兴项目的助力。与此同时，对外部资源的深化和转化工作也一直同步进行。北外已取得集中培训讲座视频的使用权限，并进行中文字幕的译制工作，将一次性临时资源转化为持续性可利用资源，为选课学生提供更多的可选资料；未来计划为视频配置中英双语字幕，进一步提升学生对英文学术术语和概念的掌握水平。此外，欧洲研究系列课程还为学生提供了本科论文选题和硕士研究生攻读方向的选择参考。由于"欧盟公共外交"课程对欧盟语言政策相关议题和研究进行了介绍，因此 2017 级荷兰语班贾文荟和付心怡同学分别从国家语言能力和欧盟多语政策角度对比利时法兰德斯区语言政策进行了研究和分析；贾文荟同学还选择在本科毕业后赴英国攻读"全球化的欧洲文化和冲突"（Culture and conflict in a global Europe）方向硕士研究生。

4. 跨国合作研究及论文发表

教学与科研密不可分，欧洲研究系列课程在注重教学实践的同时，也关注科研成果的孵化工作。欧洲研究系列课程的授课教师和选课学生共同参与了使用 Q 方法的在线学生跨国态度调查，目前已进入调查报告和论文写作阶段。此外，由亚洲大学欧洲研究振兴项目欧洲专家指导的论文写作计划逐步推进，已有两篇论文在雅盖隆大学国际与政治研究院的 *Politeia* 期刊欧盟研究特刊发表。一篇题目是 "Functional and Facilitating：A Look into the Promotion and Standardization of Dutch as the Official Language in the Netherlands"，作者是张佳琛老师（荷兰语）；另一篇是 "Characteristics of Foreign Language Education in Italy and Implications：From the Perspective of National Foreign Language Capacity"，作者是董丹老师（意大利语）。

在此课程项目运行期间，成果第一完成人林温霜于 2020 年在《语言世界》（国际期刊）上发表题为"中国保加利亚语教学的目标维度：语言技能、专业通识、跨学科培养"的论文，在学术界推广课程建设成果。第二完成人张佳琛依托课程建设，获得北外校级教改立项（课程类），项目名称为"欧盟公共外交"。另有 3 篇合作研究论文等待发表。除了欧洲研究的课程建设，该项目也为北外拓宽国际合作模式、深化国别与区域研究提供了一个良好的契机。

2022 年 7 月，在该项目结项后，项目负责人林温霜教授应广东外语外贸大学—保加利亚索非亚大学暑期学校，以及北京第二外国语学院邀请，做了两场主题分别为"《中欧全面投资协定》背景下中国和保加利亚的合作"和"中国与保加利亚：双边与多边合作"的讲座，将项目研究及课程成果辐射至兄弟院校。

（三）成果可持续性及影响力

亚洲大学欧洲研究振兴项目成果经过一至两轮的课程实践，现已纳入欧语学院本科和研究生培养体系。至此，该项目成果将在北外的常规人才培养过程中承担重要的教学任务，并最大限度地保证成果的可持续性实施和发展。代表性案例包括："**外交理论与实践：保加利亚与欧盟**"（林温霜、陈巧），课程以保加利亚在欧盟框架下的外交实践等知识内容为背景；在理论方面，研究外交的本质、目标和类型，不同外交理论与和范式的比较，一般对外决策理论和模式等；在实践方面，主要研究外交史、外交手段和技巧、外交礼仪和规范、具体国家的外交政策、外交行为分析等。"**欧盟国家政治体系及现代希腊政治**"（钱颖超），课程主要帮助学生掌握政治学入门和政治学方法，了解欧洲政治体制情况，了解希腊近现代简史、政治体系变迁和社会发展情况，并对比欧洲主要政体之间的相同点和不同点。

在影响力维度上，亚洲大学欧洲研究振兴项目先后在中国、印度、保加利亚、波兰、比利时等地组织国际研究研讨活动，为项目的推广、成果的转化搭建了平台，在很大程度上提高了项目的影响力。代表性的学术活动包括：

2021 年 10 月，"欧亚研究博士研究生"专题研讨会。

2021 年 4 月，"亚洲欧洲研究国际研讨会"。

2021 年 3 月，第九届"印度共生法学院年度国际研讨会"。

2020 年 6 月，亚洲大学欧洲研究振兴项目"欧亚理念与语言融合"在线研讨会。

2019 年 11 月，印度金达尔全球大学"欧洲身份认同和欧洲一体化展望"国际学术研讨会。

此外，亚洲大学欧洲研究振兴项目还通过参与者话语（participants' testimonials）扩大项目影响力。截至目前，共有来自 5 个国家的 22 位中欧学者通过视频讲述自己在该项目培训中的收获和对中欧研究未来的设想。

自 2016 年项目启动至今，北外共有 15 名教师参与了三期集体项目培训，分别在意大利卡塔尼亚大学、保加利亚索非亚大学、波兰雅盖隆大学进行。教师分别来自欧语学院、法学院和国际商学院。按照亚洲大学欧洲研究振兴项目要求，参训学员需在自己所在高校开设与欧盟相关的课程。目前，我校参与该项目的教师均已在项目导师的指导下开设面向本科生、研究生的欧洲研究课程，建设并开设 8 门新课程。

四、未来展望

除了欧洲研究的课程建设，该项目也为我校拓宽国际合作模式，深化国别与区域研究提供了一个良好的契机。亚洲大学欧洲研究振兴项目的结项仅仅是各亚、欧院校合作的一个阶段性标志，未来将会有更多院校加入到相关合作中来，共同推动欧洲研究，特别是区域国别研究在中国的发展。

撰稿：教育部国别和区域研究培育基地中东欧研究中心、

北京外国语大学欧洲语言文化学院

【北京外国语大学简介】

北京外国语大学（Beijing Foreign Studies University）是教育部直属、首批"211 工程"高校、"985 优势学科创新平台"高校、首批"双一流"建设高校。北京外国语大学秉承延安精神，坚持"服务国家"战略，目前已获批开设英语、俄语、法语、德语、日语、西班牙语、葡萄牙语、阿拉伯语、意大利语等 101 种与中国建交国家的官方用语。欧洲语种群和亚非语种群是目前我国覆盖面最大的非通用语建设基地，是教育部第一批特色专业建设点。在长期办学历程中，北京外国语大学紧密结合国家战略发展需要，坚持"外特精通"的办学理念和"兼容并蓄、博学笃行"的校训精神，形成了以外国语言文学学科为主体，文、法、经、管、教等多学科协调发展的格局。

【合作单位简介】

索非亚大学（Sofia University "St. Kliment Ohridski"）是保加利亚最古老和最著

名的高等学府之一，创办于 1888 年 10 月 1 日。索非亚大学现有 16 个学院和 3 个独立的系；现有 1 000 余名教学人员和 20 000 余名学生，其中国际学生约 1 500 人。索非亚大学是欧洲大学协会（EUA）和欧洲首都大学联盟（UNICA）的成员学校。除了通过欧盟的伊拉斯谟＋计划等项目与欧洲范围内的大学进行交流，索非亚大学还与世界上 60 多个国家的大学签署了合作协议。

迎难而上辟新路，顺应时代谱新篇

——北京第二外国语学院中东欧语种人才培养新模式

引言

"融中外、兼行知"，北京第二外国语学院（以下简称北二外）一直以来都注重开展国际交流合作。培养"多语种复语、跨专业复合"人才更是北二外办学的一大目标。自建校以来，北二外先后与世界上 50 多个国家和地区的 180 多所高校和教育机构建立了全方位、多层次、实质性的交流与合作，包括学术交流、学生交流、学术资料和教材的交流以及信息往来。北二外平均每年派出 500～600 名学生出国（境）参与各级各类交流项目。

在"中国—中东欧国家合作"框架下，中国与中东欧国家关系日益紧密，高层交往频繁，多方面的合作催生了对语言人才的更大需求。中国和中东欧国家都希望培养具有坚实的通识教育基础，厚实的非通用语功底，娴熟的英语沟通能力，具有跨文化交流能力和创新能力，能在对外交流、文化、经贸、教育、科研等领域发挥作用的高端技能型人才。北二外非常重视与中东欧国家的教育交流。北二外启动的中东欧语种人才培养新模式高度契合了以上要求，在与中东欧国家高等教育机构合作中，实现了课程知识体系融通、国内外课程衔接、国内外教学内容和考核方式贯通、国内外教育资源和教育优势共享的新型培养模式，取得了国内外联合人才培养等领域的经验和成果，为中国与中东欧国家培养适应时代发展需要的复合型外语人才注入了新动力。

一、合作背景

2013 年，中国国家主席习近平提出"一带一路"倡议，语言相通成为"五通"的基础。随着我国与"一带一路"沿线国家的交流合作日益密切，经济文化活动开展愈来愈频繁，外语类人才，尤其是非通用语种人才的需求日益凸显，但非通用语种人才的培养远远达不到社会要求。为确立科学有效的外语非通用语人才培养体系，以适应新时代教育发展，从而推动国家和学校与中东欧国家的教育交流合作，2015 年，北京地区在全国范围内率先启动了高端技术技能人才贯通培养实验项目。其中，北二外承接的非通用语人才贯通培养（以下简称贯培）项目就是北京教育改革中独具特色的一部分。非通用语人才贯培环节包括中职、高职和大学本科教育环节，在学制安排、课程体系、培养模式、师资队伍建设方面都体现了其贯通特质和国际化特色。贯培培养方案和课程教学都由北二外与国外知名大学联合完成。北二外建立了国际化、规范化、优质的非通用语高端技能人才七年制本科培养体系和培养方案，人才培养效果显著。该项目的建立使北二外搭建了与中东欧多国多校的合作交流平台，有效推动了教育国际化高质量发展。

二、发展历程

（一）复建并新增中东欧语种专业

北二外充分发挥自身外语优势，大胆创新，围绕中国、中东欧国家经济文化发展需要做好人才培养工作。2015 年，经广泛调研、分析国内高校非通用语种专业的开设和人才培养情况，北二外决定恢复成立中欧语系，开设包括波兰语、捷克语、匈牙利语、罗马尼亚语、塞尔维亚语、斯洛伐克语、拉脱维亚语、爱沙尼亚语、斯洛文尼亚语、保加利亚语、阿尔巴尼亚语、立陶宛语共计 12 个语种，承担北京市"高端技术技能人才贯通培养试验项目"和本科生人才培养任务。

（二）落实北京市人才培养改革项目

北二外主动对焦中国与中东欧关于非通用语种专业的迫切需求，抓住非通用语种专业发展的良好契机，锐意改革，不断创新，积极落实"高端技术技能人才贯培试验项目"。

1. 项目介绍

"高端技术技能人才贯培试验项目"为七年制，按照"2＋1＋1＋3"模式，前两年学习英语＋非通用语＋通识教育等课程；第三年在语言对象国学习一年，北二外与语言对象国有关高校签署合作协议，以非编班形式派出学生到语言对象国高校学习对应语种，熟悉体验对象国文化；第四年在北二外进行一年的本科学习，完成通识课程和思想政治理论课程，培养学生的国家认同感和文化认同感，并进一步提高学生英语和非通用语语言能力；第五到第七年均在国外学习，学生前往对象国家高校，进行为期 3 年的对应语种本科学习，不独立成班。

2. 招生工作

2015 年，北二外复建中欧语学院后，第一批开设了匈牙利语、捷克语、拉脱维亚语和波兰语 4 个非通用语种专业，每个语种招收贯培生 20 名，进行了非通用语种专业人才先期培养的探索和尝试，第一批 4 个语种专业在 2016 年 9 月开始招收本科学生。2016 年，北二外继续申报、开设第二批非通用语种专业，罗马尼亚语、塞尔维亚语、立陶宛语、爱沙尼亚语 4 个非通用语种专业获批，并于 2016 年 9 月迎来贯培生。2017

年，北二外增设阿尔巴尼亚语、保加利亚语、斯洛伐克语、斯洛文尼亚语 4 个非通用语种专业，目前 12 个语种在校生合计 400 余人。

3. 师资队伍

北二外非通用语种师资队伍建设主要采用两种形式：一是直接引进国外师资，二是聘请合作院校或国际学术机构师资。非通用语教学团队由来自 12 个国家的中外专家、学者组成。通过中外师资团队合作，北二外拓宽了师资选择范围，提高了教师国际合作能力，加强了与中东欧国家高等教育机构的教师交流。中外师资团队成为培养"多语种+复合型"外语人才的有力支撑。

（三）欧盟伊拉斯谟+奖学金项目

伊拉斯谟+奖学金是由欧盟发起的一项高等教育交流项目。该项目联合多国优秀大学、企业、教研机构，为欧盟与非欧盟国家的师生交流提供包括学费和生活费在内的奖学金资助，由本国高校和其他国家合作院校共同申请设立。

北二外复建中欧语系以来，积极开拓伊拉斯谟+奖学金项目工作，将其作为开拓学生国际视野、提升高等教育学生创新创业能力的有效途径之一。

2016 年至今，北二外与罗马尼亚蒂米什瓦拉西部大学、斯洛伐克智者康斯坦丁大学、克罗地亚斯普利特大学等高校的合作项目受到欧盟伊拉斯谟+奖学金资助，先后共派出 7 名学生、3 名教师，赴外进行课程学习或教学，并接收 3 名合作院校教师来北二外进行交流讲学。

三、成果总结

（一）积极响应北京市非通用语人才培养，与中东欧高等教育机构搭建高端国际人才培养平台

近年来，北二外积极响应国家"一带一路"倡议，高度重视中东欧语种人才培养。目前，在北二外开设的 33 个语种专业中，12 个为中东欧语种专业，实现了中东欧 17 国语言全覆盖。学校现有 27 所中东欧国家合作院校，且均为所在国顶尖或著名高校，为北二外与中东欧高等教育机构的交流与合作搭建了高端国际平台。自 2015 年相关语种专业设立以来，北二外共派出 900 余人次赴中东欧国家高校进行一年及以上学习交流。

（二）多国元首和政府首脑到访北二外，助力中国与中东欧国家高层次人文交流

2015 年至今，北二外共接待 7 个国家元首级访问团，10 个部长级访问团，大使级访问团近 200 人次。匈牙利总理欧尔班·维克多，斯洛文尼亚副总理兼教育、科学与体育部部长热内·皮卡洛，拉脱维亚总统莱蒙德斯·韦约尼斯、副总理兼经济部长阿维尔

斯·阿舍拉登斯，塞尔维亚第一副总理兼外交部部长达契奇及教育、科学和技术发展部长穆拉登·沙尔切维奇，波兰外长格热戈日·谢蒂纳，捷克众议院副主席杨·巴尔托谢克及捷克教育、青年和体育部副部长普鲁迪科娃，罗马尼亚教育与科研部副部长索林·科斯特列耶，匈牙利创新与科技部国务秘书拉斯洛，斯洛伐克教育、科研和体育部国务秘书兼副部长奥尔加·娜赫特曼诺娃等曾到访北二外。塞尔维亚总统亚历山大·武契奇等国家政要亲切会见北二外相关语种专业师生，并鼓励学生成为两国交流的使者。高层屡次到访，既表明中国—中东欧教育合作正在得到中东欧国家的积极响应，带来了良好的国际社会反响，也为复合型人才培养模式的深度传播、双方高等教育合作注入了强大动力，增加了更多可能，还显著提高了北二外的国际知名度和影响力。

2019 年 5 月，斯洛伐克教育、科研和体育部国务秘书兼副部长
奥尔加·娜赫特曼诺娃代表团会见北二外副校长李小牧

2016 年 9 月，罗马尼亚教育与科研部副部长索林·科斯特列耶与学生交流

（三）多项合作协议纳入中国—中东欧国家领导人会晤成果清单，大力推进与中东欧国家高等教育机构的师生交流

北二外与中东欧合作高校共签署 50 余份合作协议，其中多份合作协议被纳入第七次中国—中东欧国家领导人会晤成果清单，《北京第二外国语学院与斯洛伐克智者康斯坦丁大学学术合作协议》被纳入中国—中东欧国家领导人会晤成果清单，为新形势下的中国—中东欧国家在教育领域的合作与发展提供了新动力。

（四）发起建立"中东欧非通用语教学协作组"，推动教学科研工作国际化

北二外积极鼓励开展全方位、多层次、可持续的教科研国际合作与交流活动，充分利用和整合学校资源，共同主动对接国际大学或科研机构，积极推进实质性国际教科研合作与交流，有效提升教科研建设的国际影响力。

1. 发起建立"中东欧非通用语教学协作组"

北二外于 2019 年和 2021 年分别参加第四届及第五届中国—中东欧国家首都市长论坛，并承办第二届中东欧非通用语教学研讨会。早在 2019 年论坛期间，北二外倡议建立的"中东欧非通用语教学协作组"举行了揭牌仪式。时任北京市副市长卢彦、地拉那市副市长阿妮萨·鲁塞蒂、中国—中东欧国家合作事务特别代表霍玉珍、中国驻阿尔巴尼亚大使周鼎出席仪式，并共同为"中东欧非通用语教学协作组"揭牌。"中东欧非通用语教学协作组"通过聚焦中东欧国家语言教育研究、语言教学与实践创新研究等领域，进一步加强校际对话与合作，对积极响应国家"一带一路"倡议、服务北京国际交往中心定位和发展需求、着力开展非通用语种专业建设和非通用语种专业人才培养工作具有重大意义。

2. 北二外教师主编图书入选中国—中东欧国家教育合作交流展

作为第八次中国—中东欧国家领导人会晤重要活动和 2019 年中国—中东欧国家教育、青年交流年重要活动，时任中国国务院总理李克强与中东欧 16 国领导人于 4 月 12 日在克罗地亚杜布罗夫尼克市参观中国—中东欧国家教育合作交流展。由北二外首都国际交往中心研究院执行院长、国家文化发展国际战略研究院常务副院长李嘉珊教授主编的《重新发现：中国—中东欧文化创意产业概览（汉英对照）》上下册一书参加了此次展览。展览全方位展现中国—中东欧国家教育合作深厚的传统友谊、坚实的合作基础、巨大的合作潜力、光明的合作未来，体现了互利共赢、创新超越的精神。

四、未来展望

近年来，北二外与中东欧国家教育交流合作进展顺利，成效显著。未来，北二外将继续着力于进行非通用语种专业建设和非通用语种专业人才培养工作，开展人才培养新模式、新探索，有效推动中国与中东欧国家的国际教育交往，如丰富培养项目教育合作参与主体、充分利用现有多边合作平台以及聚焦重点合作领域等，为中国—中东欧国家合作机制保持高速、健康发展注入新活力。

撰稿：北京第二外国语学院 聂鑫、韩仪君

【北京第二外国语学院简介】

北京第二外国语学院（Beijing International Studies University）是由文化和旅游部与北京市人民政府共建的高水平特色大学，是一所以外语和旅游为优势特色学科，文学、管理学、经济学、哲学等多学科门类协调发展的著名高校，是中国外语、翻译、旅游、经贸等人才培养与研究的重要基地。

学校坐落于北京市朝阳区，西面毗邻中央商务区（CBD），东面紧靠北京城市副中心（通州）。现有各类在校生万余人，其中本科生 6 000 余人、研究生 1 000 余人、留学生 800 余人、贯培生 1 000 余人。学校现有本科专业 48 个（其中有 31 个语种专业）、硕士学位一级学科授权点 5 个、硕士学位二级学科授权点 29 个、专业硕士学位授权点 6 个、联合培养博士点 2 个（与美国宾汉姆顿大学联合培养翻译博士，与美国南卡罗来纳大学联合培养旅游博士）、博士后科研工作站 2 个（分别与社会科学文献出版社、首都经济贸易大学共建）。

北二外秉承"中外人文交流"使命，以服务国家战略和首都发展为己任，以"融中外、兼知行"为办学理念，以外语、旅游为优势特色学科，坚持内涵发展，强化交叉融合，致力于培养"多语种复语、跨专业复合"、具有家国情怀、国际视野的复合型人才，努力把学校建成具有鲜明北京特色的高水平外国语大学。

积极响应"一带一路"倡议，推动职业教育"走出去"

——"深圳职业技术大学—普罗夫迪夫大学职业教育培训中心"实践

引言

教育作为"一带一路"倡议中的重要议题，已经成为中国与中东欧 17 国关系拼图中至关重要的组成部分之一。在"一带一路"倡议下，中国与中东欧国家教育合作不断深化拓展。

近年来，深圳职业技术大学（以下简称深职大）积极响应"一带一路"倡议，不断深化与中东欧国家的职业教育合作，将"走出去"办学、推广教育教学标准作为一项重要目标与举措。在具体实践中，深职大开辟了以海外职业教育培训中心形式推动职业教育"走出去"的模式，结合当地需求开展职业教育培训，联合著名中资企业，推动学校的职业教育教学标准走向世界。

一、合作背景

近年来，在"一带一路"倡议和中国—中东欧国家合作框架下，中国和保加利亚两国在经贸、文化、教育、科技、交通等各领域开展合作并取得丰硕成果。就高等教育领域而言，两国的交流与合作主要包括：（1）在国家和高校层面签署教育领域合作协议，建立孔子学院，开设孔子学堂；（2）积极发展奖学金政策，促进中保两国留学人员交流互动。但在职业教育领域的合作尚不常见。

信息和通信技术是中国—保加利亚合作的新亮点，华为已经在保加利亚深耕了十余年。随着"一带一路"建设深入推进，两国在信息和通信技术方面将展现出更加广阔的合作前景。

为了更好地服务"一带一路"，推广学校校企合作成果、专业标准及课程标准，结合保加利亚对于信息和通信技术发展的迫切需求，深职大选取与世界一流企业华为共同建立华为信息与网络技术学院的现代通信专业，与保加利亚普罗夫迪夫大学合作，在当地共同建设职业教育培训中心。

二、发展历程

在建设保加利亚职业教育培训中心时，深职大借助"一带一路"倡议契机，充分利用深圳市与保加利亚普罗夫迪夫市的友城关系，与保加利亚著名高等学府、保加利亚的理工类大学——普罗夫迪夫大学（以下简称普大）建立合作关系，并根据当地通信技术的发展，决定在该校共同建设以现代通信专业为主的职业教育培训中心（以下简称中心）。

- 2015 年 10 月，深职大与普大签署合作协议，揭开两校合作序幕。
- 2016 年 7 月，深职大选拔 12 名师生赴普大参加为期一周的文化体验活动。
- 2016 年 11 月，保加利亚普罗夫迪夫州州长率政府及商业代表团访问深职大，双方领导商讨并确定深职大与普大共建中心事宜。
- 2017 年 11 月，深职大时任校长贾兴东赴普大参加"深圳职业技术大学—普罗夫迪夫大学职业教育培训中心"揭牌暨签约仪式，中心正式成立。

2017 年 11 月，深职大时任校长贾兴东赴普大参加"深圳职业技术大学—普罗夫迪夫大学职业教育培训中心"揭牌暨签约仪式

- 2018 年和 2019 年，深职大先后派出两批专业教师赴中心开展了以"LTE 移动网络系统""5G 移动通信""华为认证——路由与交换"为主题的培训课程，为普大骨干教师和优秀学生（共计 43 人次）提供授课与培训，教师的授课及教学成果得到了普罗夫迪夫大学的高度赞赏。2020 年起，深职大创新中心采用线上培训的授课形式，为中心的运行保驾护航。截至 2021 年，共有 97 名普大师生在中心接受培训。

2018 年和 2019 年，深职大先后派出两批专业教师赴保加利亚中心开展了以"LTE 移动网络系统""5G 移动通信""华为认证——路由与交换"为主题的培训课程

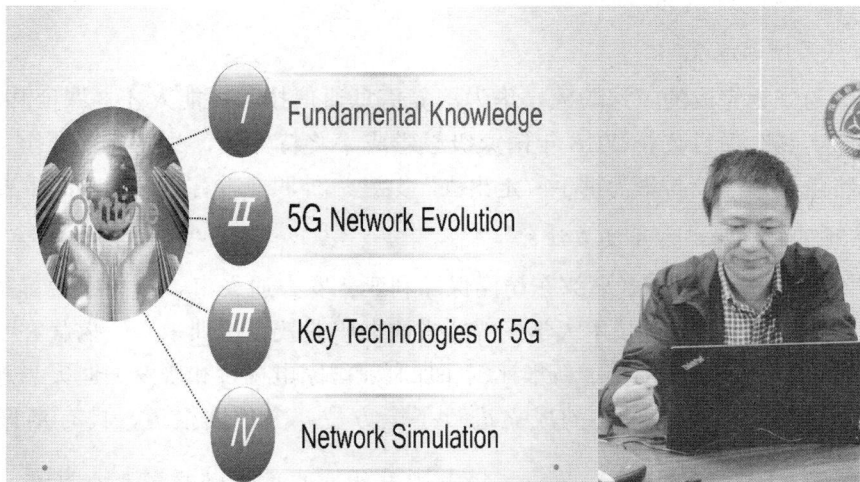

2020 年起，深职大改用线上授课形式，为保加利亚师生提供培训

三、成果总结

（一）举措与做法

1. 推行校企合作，打造中国高职教育"走出去"模式

学校将"深职大—华为培养信息通信技术技能人才'课证共生共长'模式"推广至中心，联合企业共同打造教学内容和教学标准，学生获得的结业证书也得到企业的认可。

2. 专业标准输出引领，开发系列化的教学资源

两校精准对接保加利亚发展和技术技能人才需求，从专业教学标准研制入手，夯实专业内涵发展基石。围绕专业教学标准，学校组织团队开发了"LTE 移动网络系统""5G 移动通信""华为认证——路由与交换"等课程标准，同时完善双语课程电子资源，给当地师生学习提供了更多便利。

3. 秉承"培训培训者"理念，夯实合作长效发展基石

建设一支理念先进、教学能力强的优质师资团队是"走出去"办学长期健康稳定发展的关键。深职大每年选派优秀专业教师团队赴保加利亚面向当地师生开展培训，与保方教师共同开展专业建设；定期举办线上教学研讨会，互相分享和交流教学理念和教学方法。

（二）取得成效

1. 获得了国家级奖项

深职大与华为完成的"深职大—华为培养信息通信技术技能人才'课证共生共长'模式研制与实践"项目荣获 2018 年国家级教学成果奖特等奖，凸显校企合作、产教融合的办学特色，是学校与华为携手"走出去"共建海外职业教育培训中心的重要成果。

2. 得到了国内外媒体高度关注

2017 年 11 月，时任校长贾兴东访问保加利亚普罗夫迪夫市，为深职大首家海外职业教育培训中心"深圳职业技术大学—普罗夫迪夫职业教育培训中心"揭牌并签署合作协议。会后，贾兴东应邀接受了新华社、保加利亚国家电视台和普罗夫迪夫当地电视台记者的联合采访，媒体对中心的成立进行了全方位、多角度报道，具有良好的社会效益。

该中心不仅是深职大在海外开设的第一家职业教育培训中心，也是首家在保加利亚高校开设的职业教育培训中心，对于深职大职业教育优秀成果"走出去"，响应国家"一带一路"倡议以及为保加利亚当地培养优秀的职业技术技能型人才都具有十分重要的意义。

2017 年 11 月，深职大时任校长贾兴东接受新华社、
保加利亚国家电视台和普罗夫迪夫当地电视台记者的联合采访

3. 输出了一批标准和优质的教学资源

组织开发"LTE 移动网络系统""5G 移动通信""华为认证——路由与交换"等课程标准，该课程标准已被正式纳入普大的专业标准中。相关课程同时建成双语线上课程、双语课程讲义、双语软件培训教材等内容，相关课程辐射至周边地区院校。

4. 培养了一批急需人才和优质师资

截至 2023 年，超过 130 名普大师生在中心接受培训，部分学生毕业后到当地通信企业工作，为当地培养了一批优秀人才。

四、未来展望

深圳职业技术大学—普罗夫迪夫大学职业教育培训中心是两校人才交流与培养的基地，中心每年开展相关活动，促进两校乃至两地人才交流、科学研究及优秀教育资源共享。

中心的建设推广了深职大的优质教学资源，提高了学校的国际影响力，为学校"走出去"办学提供了宝贵经验、开拓了更广阔的空间。中心的建设很好地服务"走出去"企业和当地经济和社会发展，为当地培养出更多优秀的高水平技术技能人才，进一步深化了两国在技术领域的合作。

随着中心的发展逐渐成熟，深职大抓住时机，与德国高校合作共建职业教育培训与研究中心，成功将学校职业教育优秀成果输出至职业教育发达国家。深职大将以现有海外职业教育培训中心为基础，紧密结合国家政策、服务国家外交战略和"走出去"中资企业，在非洲、欧洲及美洲等地结合企业需求，建设一批海外职业教育培训中心，由点及面，探索成立产教融合"走出去"联盟，联合一批"走出去"中资企业，为海外有需求的院校和企业提供技能人才培训，将课程标准、专业标准及职业教育成果辐射至全球。

撰稿：深圳职业技术大学 李斯敏

【深圳职业技术大学简介】

深圳职业技术大学（Shenzhen Polytechnic University）创建于 1993 年，是国内最早独立举办高等职业技术教育的院校之一。学校紧跟国家发展战略，加快国际化办学步伐，充分利用区域与自身优势，深化国际教育交流与合作，建校以来，已累计与 41 个国家和地区的 186 所高校和教育机构建立了友好合作关系。双方在学生交换、课程合作、科研合作、短期研修等领域开展了全方位、多层次、形式多样的教师和学生国际交流活动，取得了丰硕的成果。开办了国际商务（中澳）、物流管理（中美）和软件技术（中美）3 个中外合作办学专业；与香港专业教育学院黄克竞分校合办电气服务工程高级文凭合作课程，并成为首批获得招收海外留学生资质的高职院校和首个获批面向港澳台自主招生的高职院校。学校还联合中兴、招商港口等一批世界一流企业"走出去"，服务国家"一带一路"倡议；在马来西亚、保加利亚、德国、乌克兰、白俄罗斯、巴西、芬兰、科特迪瓦等 8 个国家设有 10 所海外职业教育培训中心，推广学校专业标准；应邀为柬埔寨、蒙古等国家职业教育代表团举行专题培训班，输出职业教育经验；加强与职业教育国际组织的合作，成为联合国教科文组织国际职教全球联系中心之一，获批成立联合国教科文组织职业教育计划亚非研究与培训中心，成功申请联合国教科文组织职业技术教育数字化教席。

【合作单位简介】

普罗夫迪夫大学（The Paisii Hilendarski University of Plovdiv）位于保加利亚的第二大城市普罗夫迪夫。学校建立于 1945 年，是保加利亚南部最大的高等教育机构，同时也是保加利亚第二大的综合性大学。普罗夫迪夫大学至今已有 50 多年的悠久历史，教学领域包括自然科学、人文科学、社会科学与经济学，为无数学生提供了高质量的教育课程。普罗夫迪夫大学设有生物系、经济与社会科学系、数学与信息科学系、教育系、物理系、语言与文学系、哲学与历史系、化学系及法律系。学校设有本科及硕士学位课程，包括社会学、历史、哲学、教育学、数学、计算机科学、物理工程、信息与交流系统、化学、生物、环境学与环境保护、宏观经济、国际经济关系、市场营销、政治、经济管理、保加利亚语言及外国语言、戏剧表演等。

共建多边教育合作平台，共话国际人才培养

——江西财经大学与中东欧国家高校合作育人实践

引言

2021 年 11 月，中国国家主席习近平在出席第三次"一带一路"建设座谈会时指出："要稳妥开展健康、绿色、数字、创新等新领域合作，培育合作新增长点"，明确要在"一带一路"建设中加强数字领域的合作，为政府间、企业间以及学术间的数字化转型合作指明了方向。基于江西财经大学（以下简称江财）和中东欧 7 所高校的优势资源，本案例的前期工作旨在吸引不同国家的政府官员、企业家和学者等共同探讨中国如何与中东欧国家加强企业数字化转型合作，推动江财与中东欧国家高校加强合作关系，推动教育国际化合作，对推进"一带一路"建设具有贡献价值。此项工作在 2021 年度中国—中东欧国家高校联合教育项目"中国和保加利亚企业数字化转型合作研究"的支持下开展。

一、合作背景

本案例前期工作积极响应《关于加强数字经济产业领域合作的谅解备忘录》等，进一步加强中国与中东欧国家在数字经济领域的合作关系，推动江财和中东欧国家高校的多边合作。工作的重要性体现在三个方面。

（一）着眼于国家外交战略，多边高校教育合作服务"一带一路"倡议和人类命运共同体的构建

本工作立足于战略思维和全球视角，致力于通过数字化转型推动多方合作真正服务于国家外交战略，使多边高校教育合作真正服务于"一带一路"倡议和人类命运共同体的构建。

（二）围绕企业数字化转型主题，通过多边高校教育合作传播中国声音

2021 年 5 月 31 日，习近平总书记在主持第十九届中共中央政治局第三十次集体学

习时强调，"讲好中国故事，传播好中国声音，展示真实、立体、全面的中国，是加强我国国际传播能力建设的重要任务"。此项工作致力于通过与中东欧国家高校的教育合作，积极推动中国与中东欧数字经济建设，较好地响应了习近平总书记关于传播中国声音的主张。

（三）以数字化转型为基础的合作已成为中国与中东欧企业国际化合作新方向

当下这个时代，企业数字化转型将助力双边经济复苏和发展。此项工作旨在进一步推动中国与中东欧国家企业数字化转型的学术研究与互访教学，进而为中国与中东欧国家企业数字化转型合作提供人才基础与可行路径。

二、发展历程

（一）确定前期合作关系

江财与中东欧 6 个国家 8 所高校通过校领导访问、大使馆牵线等方式接洽并确定前期合作关系。

前期合作关系确定情况

所在国家	合作高校名称	合作缘起及标志性成果
波兰	科兹明斯基大学	2017 年 9 月校领导访问，同年 12 月与其签署校级合作伙伴协议
	克拉科夫经济大学	2012 年 9 月建立校级合作伙伴关系，2016 年 11 月校领导访问
罗马尼亚	亚历山大·杨·库扎大学	2014 年 10 月校领导访问，并签署合作伙伴协议
	布加勒斯特经济研究大学	通过中国驻罗马尼亚大使馆大使牵线搭桥，于 2020 年 10 月建立合作伙伴关系
保加利亚	索非亚大学	院领导建立联系，于 2020 年 7 月签订合作协议
匈牙利	德布勒森大学	2016 年 7 月建立合作伙伴关系，2017 年校领导访问进一步洽谈合作
捷克	布拉格经济与商业大学	2012 年 1 月达成合作关系，2018 年 5 月校领导访问详细洽谈合作
希腊	雅典经济与商业大学	2015 年 9 月校领导访问，并签署合作协议

（二）组建工作组团队

在双方负责人的召集下，组建了由 4 名教授、2 名副教授、3 名博士生和 2 名硕士生构成的工作组。

（三）建设平台类型

1. 合作组建高校交流平台

作为平台主导者，江财积极邀请 8 所中东欧国家高校来校考察交流。

2. 共同搭建高校研究平台

双方围绕学术合作研究组建国际化研究平台，如联合申报研究项目、联合举办国际学术论坛、共建研究中心等。

3. 拓展人才培养平台

双方开展了访问学者、本科生和研究生交换、联合培养等交流学习活动，致力于共同培养国际化人才。

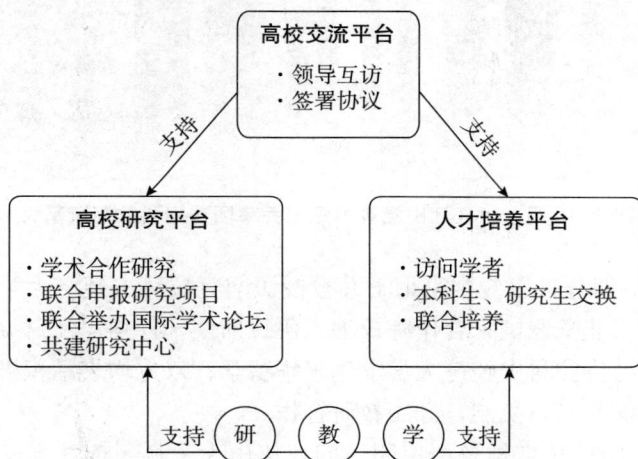

三大平台搭建的思路

（四）互访标志性成果及落地情况

2015 年 9 月，时任校长王乔教授访问雅典经济与商业大学，并签署合作协议。

2017 年 6 月，副校长阙善栋教授率团访问德布勒森大学，就双方进行本科学生"2＋2 双学位"项目、研究生"1＋1"项目、教师和研究人员实现互访交流等进行了讨论和交谈。2021 年，江财与该校续签合作协议。

2018 年 5 月，时任校长卢福财教授率团访问布拉格经济与商业大学。双方就加大本科交换生宣传力度，开展研究生交换生及双学位项目，教师结合"一带一路"倡议联合开展研究与交流等方面进行了细致洽谈。

2017 年 9 月，时任校长卢福财教授率团访问科兹明斯基大学，双方就学生交换、双学位项目、硕士博士项目、教师交流、中东欧联合研究中心等合作事宜进行细致洽谈，并达成共识。

2018 年 10 月，时任党委书记王乔教授访问科兹明斯基大学，双方就伊拉斯谟＋计划、中欧学分生奖学金项目、本科学生"2＋2双学位"项目、硕士博士联合培养、教师合作研究等事宜进行了深入洽谈，并达成共识。

2018 年 10 月，时任江财党委书记王乔率团访问科兹明斯基大学

2018 年 10 月，时任江财党委书记王乔教授访问克拉科夫经济大学，将江财作为克拉科夫经济大学海外非欧盟国家合作院校纳入伊拉斯谟＋计划；江财继续做好中欧学分生奖学金项目，支持克拉科夫经济大学学生来华留学；双方均表示积极支持两校经济学院教师形成定期交流与互访机制，开展教研合作。

2019 年 6 月，副校长袁雄教授率团访问亚历山大·杨·库扎大学，提出了两校进一步推进伊拉斯谟＋奖学金项目、推进统计学院和人文学院以及外语学院的学生交流与联合培养等合作意向，并签署合作协议。

三、成果总结

围绕此项工作，江财在与中东欧国家高校展开具体活动的基础上，在具体成果与社会效益等方面取得了显著成效。

（一）工作成果突出

江财与 8 所中东欧国家高校前期建立了合作关系，在人才培养、互访交流、学术研究等方面展开了合作，取得了卓有成效的工作成绩。

江财与 8 所中东欧国家高校合作成效

所在国家	合作高校名称	人才培养成效	互访交流成效	学术研究成效
波兰	科兹明斯基大学	2 名学生赴该校交流学习 1 名老师赴该校访问学习	领导互访 3 次	合作申报项目 3 次，成功立项 2 项
	克拉科夫经济大学	6 名同学赴该校交流学习	领导互访 3 次	合作组建"一带一路"研究院，合作申报项目 1 次
罗马尼亚	亚历山大·杨·库扎大学	2 名学生赴该校交流学习 2 名老师赴该校短期授课 该校教师 3 次来江财短期授课	领导互访 7 次	合作申报项目 1 次
	布加勒斯特经济研究大学	合作推进中		
保加利亚	索非亚大学	合作推进中	合作推进中	合作申报并成功立项 1 项，组建研究团队
匈牙利	德布勒森大学	74 名学生赴该校交流学习	领导互访 3 次	合作推进中
捷克	布拉格经济与商业大学	25 名留学生来江财学习，江财 29 名同学赴该校交流学习	领导互访 1 次	合作推进中
希腊	雅典经济与商业大学	合作推进中	领导互访 1 次	联合举办国际论坛 2 场

1. 人才培养成果显著

在输送人才留学方面，江财加强人才国际化培养力度，共选派 113 名学生（包括本科生与研究生）和 2 名老师赴中东欧国家高校交流学习。

在培养留学学生方面，江财共接收 25 名中东欧国家高校来江财学习，在帮助留学生了解中国文化、学习具有中国特色的管理学知识方面颇有成效。

2. 高校交流频次加强

在自建立合作关系以来，江财教师团队前后共 18 次赴中东欧 8 所高校互访交流，就人才培养、项目合作等内容展开充分讨论，有效促进了多边交流合作。

3. 学术交流成果多样

在促进高校教育国际合作的同时，江财还与中东欧国家高校搭建了学术研究平台，共合作申报项目 3 次，4 项研究项目成功立项，合作组建 1 所研究院，共同组建 1 支研

2018—2019 年，江财工商管理学院教师在科兹明斯基大学做访问学者

究团队，联合举办国际学术论坛 2 场，为硕博研究生与高校教师搭建了学术研究与国际交流的平台。

其中，在与中东欧国家高校学者共同参与申报中国及其他国际项目的过程中，提升了中东欧国家高校国际化学术交流与合作的水平。

**2019 年 12 月，江财经济学院院长张利国、软件与物联网工程学院院长
白耀辉、时任信息管理学院副院长杨勇一行访问科兹明斯基大学**

2019 年 12 月，江财经济学院院长张利国、软件与物联网工程学院院长
白耀辉、时任信息管理学院副院长杨勇一行访问克拉科夫经济大学

4. 数字化研究深入推进

在延续江财已有研究的基础上，工作组成员就中国与保加利亚企业数字化转型的机遇与挑战这一问题展开合作研究，拟共同举办以"中国与保加利亚企业数字化转型合作"为主题的线上线下学术研讨会，共同合作申报中国—中东欧国家高校联合教育项目1 项。

（二）社会效益明显

在取得工作成果的同时，江财与中东欧国家高校的合作也产生了广泛的社会影响力。

1. 增强多边教育合作

基于人才培养项目与高校交流平台，江财加强了与中东欧 8 所高校的联系与交流，构建了以高素质人才培养、教师互访为核心的合作形式，进一步拓展了与中东欧国家高校的教育合作，增强了江财在中东欧国家的教育影响力，提升了我国在"一带一路"沿线国家的影响力。

2. 提供高校智力支持

在高校教育合作的同时，江财与中东欧国家高校围绕企业数字化转型展开了研究合作，也能为中国与中东欧企业数字化转型提供思路与建议，可供相关管理部门参考，在实践运用方面具有指导性，极大地发挥了高校的智力优势，持续为"一带一路"建设提供智力支持。

此外，通过江财在数字经济相关领域和专业上的基础和研究，为中东欧国家高校的相关人才培养及社会经济服务提供了有力的支撑。

四、未来展望

伴随我国"数字中国"战略的加快推进和数字经济规模的日益壮大，江财将进一步加强与中东欧国家高校在专门领域的人才培养交流和学术合作，预期的合作内容和成效如下。

（一）加强留学生人才培养交流

做大做强数字经济相关交叉学科和专业，吸引中东欧国家高校学生前往江财留学，扩大中国高校的影响力。持续输送中国留学生到海外留学，加强对赴海外留学生的管理和留学成效监督，帮助留学生更好地学成并回国服务。

（二）加深高质量学术研究合作

依托便利化的信息化手段，推动多样化互访交流，增加海外高校与江财的线上交流和线上线下结合式互访交流；扩大在数字经济相关交叉学科和专业的合作内容；加强双方在学术会议召集、高质量国际项目申报、高质量论文发表等方面的合作，预期合作申报 5 项高质量国内或国际项目，发表数篇高质量国际论文。

撰稿：江西财经大学 胡海波、谌飞龙

【江西财经大学简介】

江西财经大学（Jiangxi University of Finance and Economics）是一所财政部、教育部、江西省人民政府共建，以经济、管理类学科为主，法、工、文、理、艺术等学科协调发展的高等财经学府。

学校坚持开放办学，与美国、加拿大、英国、法国、澳大利亚、芬兰、丹麦、葡萄牙等 40 余个国家和地区的 160 余所高校建立了稳定的合作与交流关系。学校先后加入国际交换生组织、国际商学院联盟、中国—俄罗斯经济类大学联盟、联合国学术影响力组织、国际社会工作教育联盟、中国—东盟旅游教育联盟、欧亚太平洋学术协会、中国—中东欧国家高校联合会、亚太旅游协会、中泰高等教育合作联盟、北美案例研究协会、工商管理硕士协会、国际商学院协会、亚洲管理学会、亚太管理学院联合会、欧洲管理发展基金会等 16 个国际组织。

【合作单位简介】

1. 科兹明斯基大学

科兹明斯基大学（Kozminski University）成立于 1993 年，是一所国际知名的私立商学院，获得了 EQUIS、AMBA 和 AACSB 三重认证，荣登英国《金融时报》最负盛名的欧洲商业学院的排行榜。

2. 克拉科夫经济大学

克拉科夫经济大学（Cracow University of Economics）始建于 1925 年，是波兰最大的经济研究和科学研究中心之一，是以计算机科学和商科为主的经济类大学。学校注重学术研究的发展，与相关机构和著名大学共同合作培养学生，并与国外 200 多所大学建立了友好密切的合作关系。

3. 亚历山大·杨·库扎大学

亚历山大·杨·库扎大学（Alexandru Ioan Cuza University of Iași）成立于 1860年，是一所拥有国际标准的高等院校，与英国、德国、中国等国的国际知名大学建立了长期的学科合作、师资与学生交流互换关系。

4. 布加勒斯特经济研究大学

布加勒斯特经济研究大学（Bucharest University of Economics Studies）成立于 1864 年，是罗马尼亚的一所公立大学，是罗马尼亚十大大学之一，也是在欧洲享有盛名的研究型大学；在 2020 年泰晤士高等教育世界大学影响力排名中位列前两百，在罗马尼亚大学中位列第一。

5. 索非亚大学

索非亚大学（Sofia University "St. Kliment Ohridski"）创办于 1888 年，是保加利亚最古老和最著名的高等学府之一。索非亚大学现有 16 个院系。索非亚大学是欧洲大学协会（EUA）和欧洲首都大学联盟（UNICA）的成员学校。除了通过欧盟的伊拉斯谟＋计划等项目与欧洲范围内的大学进行交流，索非亚大学还与世界上 70 多个国家和地区的大学签署了合作协议。

6. 德布勒森大学

德布勒森大学（University of Debrecen）是匈牙利著名的公立综合性研究型大学，是匈牙利及中东欧地区最重要的高等教育机构之一。该大学位于匈牙利第二大城市德布勒森市。

该校开设有近 200 个本硕博学位项目，提供课程 20 000 余个。全校在读学生近30 000 人，其中来自 120 多个国家和地区的国际学生有 7 000 余人。1987 年起，该校开始设立英文授课项目。目前，该校已与 44 个国家和地区的 615 所高校和机构签订了 874份双边协议。

7. 布拉格经济与商业大学

布拉格经济与商业大学（Prague University of Economics and Business）创建于 1953 年，是捷克在经济学、商务、信息学领域中最大规模的高等院校，已连续多年被 Eduniversal 排名项目评为中欧和东欧最好的商学院之一。

8. 雅典经济与商业大学

雅典经济与商业大学（Athens University of Economics and Business）成立于 1920 年，是希腊三所最古老的大学之一，也是希腊经济类和商科院校中最早、最有名气的大学之一。

科研合作

　　科研合作作为提升教育影响力的"最强音"，在形成具有全球竞争力的开放创新生态过程中发挥着突出作用。近年来，我国与其他国家和地区科研合作领域、内容和形式逐步向宽领域、多学科、团队化转变，为我国加快建设教育强国、科技强国、人才强国做出了应有贡献。

　　以中国—中东欧国家高校联合会平台为依托，中国教育国际交流协会自 2019 年起已连续四年鼓励和资助中国和中东欧国家高校联合开展教育合作项目，特别是科研合作，至今立项 110 个项目，涵盖医学医药、智慧农业、人工智能、新能源、新材料、国际传播、文化遗产等各种领域。

　　本篇选取双方高校在资源开发与环境治理、气候变化、防灾减灾、"双碳"战略等领域开展科研合作的优秀实践，其中多个案例来自中国—中东欧国家高校联合教育项目结项成果。

资源开发与环境治理并举，共建"一带一路"

——中国地质大学（北京）与匈牙利罗兰大学
"环境与能源国际合作基地"的建设与运行

引言

为加强与世界高水平院校机构的合作交流，实现"双一流"建设的国际化指标，中国地质大学（北京）一直努力拓展全方位、多领域的合作渠道与方式，充分发挥与国外高校的合作关系，不断开拓新的合作伙伴，搭建多种合作平台。

社会的发展使人类对资源的需求越来越大。但是资源开发势必会对环境造成污染。工业革命以来，各国经济的发展基本上走的是一条"先污染、后治理"的道路，资源开发同环境治理处于失衡状态。能否做到"边开发、边治理"，实现资源开发与环境治理并举，是各个国家面临的一个重要问题。

中国地质大学（北京）与匈牙利罗兰大学一直保持着良好的交流合作关系，并辐射到了中东欧及很多西方发达国家。中国地质大学（北京）作为国家资源开发和环境治理领域教育和科研的重要基地，承担了国家能源环境领域人才培养和科学研究等重大任务。罗兰大学则在特色水土气固污染治理修复理论和技术，以及重金属、有机物监测分析方法等领域处于国际先进水平，双方共建"中国—匈牙利政府间环境与健康联合实验室"及"环境与能源国际合作基地"，开展资源开发与环境治理的合作，对于资源环境的可持续发展，推进"一带一路"倡议具有重要意义。

一、合作背景

有色金属行业在给我国带来很大经济效益的同时，也带来了巨大的环境污染，成为我国最大、最危险的污染源之一。对重金属污染矿山与土壤的修复治理，不仅会影响我国资源开发的可持续发展，也考验着我国在推进"一带一路"倡议过程中资源开发及环境治理的能力以及"绿色矿山"建设目标的实现。

匈牙利也是多金属矿山污染严重的国家。对此匈牙利政府及欧盟高度重视，并提供了大量的科研经费支持罗兰大学等科研院所开展有色金属尾矿修复技术研发工作。

"中国—匈牙利环境与能源国际合作基地"建设与运行，通过联手开发一系列重金属污染的矿山与土壤的修复治理的新技术新方法，大大提升了有色金属行业污染防控方面的能力，起到了为双方"绿色矿山"保驾护航的作用，同时也进一步拓宽和深化了中国与匈牙利政府间在能源环保等领域的合作，以及中国同欧盟其他国家在能源环境领域的合作，扩大了中国学者在国际能源环境领域的影响力和关注度。

匈牙利作为欧盟成员国，也是中国通往欧洲其他国家的中介，"中国—匈牙利环境与能源国际合作基地"建设与运行也成为我国"一带一路"的重要支撑点。

中国地质大学（北京）是教育部直属并与自然资源部共建的全国重点大学；是中国地球科学高层次人才培养的摇篮和地学研究的基地；拥有高水平师资队伍，包括中国科学院院士 11 人、中国工程院院士 1 人、国家优秀青年科学基金获得者 19 人、国家杰出青年科学基金获得者 16 人，教授 303 位；有着科学布局和组织策划，在科研项目、高水平学术成果、科研获奖、科研人才培养、科研平台建设及知识产权和成果转化等方面成绩显著，在 *Nature*、*Science*、*Nature Geoscience* 等国际顶级期刊上发表了多篇论文；学校坚持把立德树人作为根本任务，为国家培养了 20 余万名优秀人才，44 位毕业生当选两院院士。中国地质大学（北京）国际交流合作活跃，已与多所世界一流大学和高水平研究机构建立良好的合作关系，如英国爱丁堡大学、伯明翰大学，德国汉诺威大学、波兹坦地学中心，澳大利亚悉尼大学、麦考瑞大学等，充分保证了学生在大学学习期间获得各个领域高质量的教学和研究。

罗兰大学于 1635 年建立，涵盖各类学科，是匈牙利历史悠久、规模最大的知名综合性高等学府之一。罗兰大学是一所科研和教学并重的欧洲名牌大学，至今已培养出众多优秀人才，其中包括 5 位诺贝尔奖得主、2 位沃尔夫奖得主、1 位阿贝尔奖得主、匈牙利国家元首和国会主席以及众多世界著名科学家等。罗兰大学拥有强大的教师团队，25％的匈牙利科学院院士在罗兰大学任教。罗兰大学学历受中国教育部及世界多国认可，在国际上有广泛的合作，与全球 450 多所名校有着合作关系。

二、发展历程

资源开发与环境治理是中国"一带一路"倡议的基本内容之一，也是中国同匈牙利两国政府间合作的三个领域之一。2006 年，中国地质大学（北京）同罗兰大学共同建立中国—匈牙利政府间"环境科学与健康"联合实验室；2010 年在中、匈联合实验室基础上，中国地质大学（北京）又联合罗马尼亚、瑞典等欧盟国家及北京科技大学等国内高校及科研院所建立了多边合作的"国家能源与环境国际科技合作基地"。基地瞄准金属行业废物资源化、减量化及污染防控等资源开发与环境保护领域的关键问题开展国际合作，共同承担研究项目，探讨新方法、开发新技术。匈牙利是欧盟成员国，罗兰大学在特色水土气固污染治理修复理论和技术，以及重金属、有机物监测分析方法等领域处于国际先进水平。这些国际合作基地，将中国与匈牙利该领域的专家学者整合在一起，通过有效的多方合作使中国学者迅速进入该领域研究的国际先进行列。

2010 年 11 月，"国家环境与能源国际合作基地"揭牌仪式

"国家环境与能源国际合作基地"的建设与运行大体经历了如下历程。

（一）引入国际行业标准，使中国有色金属行业同国际社会接轨

中国有色金属行业起步于 20 世纪 90 年代。由于匈牙利的铜、铝等有色金属行业技术来自苏联，已经达到世界领先水平，因此，"国家能源与环境国际科技合作基地"的建立，能够顺利地将"国际有色金属及合金质量认证标准"引入中国有色金属行业，并迅速同国际社会接轨，带动中国有色金属行业快速和健康的发展。2021 年，我国十种常用有色金属总产量达 6 454.3 万吨。

（二）开发了有色行业废物减量化、资源化与污染控制的原始创新技术，并且在国内部分矿山的应用中取得了成效

我国典型有色金属矿区及其开发具有复杂性特征，有色金属采选冶大多形成高强度集中区，处于江河与地下水源地、生态脆弱区域。有色金属矿区以多种有色金属共伴生为主，复杂难选且贫矿多，易选富矿少。此前，浮选法选矿、湿法冶金是开采的主要方法，这些方法必须通过使用大量的选冶药剂提取目标金属，而这些方法的使用又造成了严重的重金属和选冶药剂的复合污染。

有机选冶药剂对重金属形态有显著的影响，有色矿区在多重极端环境下，功能菌群能高效降解有机物，促使游离金属离子形成溶解度极低的次生硫化矿物，使其氧化淋溶率降低 99%，形成高效功能菌群的多样性、结构及功能的协同演化机制。

"国家环境与能源国际合作基地"针对我国典型有色金属矿区及其开发具有的复杂性特征，在相关理论研究的基础上，开发了一系列新技术、新方法，主要包括：基于硫酸盐还原菌、寡营养铁还原菌的现役尾矿库微生物地球化学原位矿化修复技术；基于矿物学、生物地球化学的闭库尾矿库的多层覆盖强还原微生物地球化学原位矿化修复技术；基于硅的四配位同构化效应及复盐效应的原子级超级固化技术——完全采用采选冶全固废的新型全尾砂膏体充填技术等。这些新技术能快速解决有色金属污染场地表面生

态恢复及地下水污染问题，并且也实现了低成本，在重金属污染的矿山修复和土壤治理实践中具有可行性。

三、成果总结

（一）推广技术

"中国—匈牙利环境与能源国际合作基地"成立后的几年里，尝试以国际多仪器联用分析表征重金属及多种有机物，建立了用电热蒸发—电感耦合等离子体质谱法（ETV-ICP-MS）和激光剥蚀—电感耦合等离子质谱（LA-ICP-MS）的重金属形态表征技术；以全反射 X 射线荧光分析（TXRF）、同步加速器辐射诱导的全反射 X 射线荧光（SR-TXRF）和 X 射线吸收近边结构（XANES）对生物系统微观研究的方法；固相萃取—高效液相色谱—串联质谱法（SPE-HPLC-MS/MS）测定地表水中的大环内酯类抗生素的方法；还开发了用于测量不同微污染物的原位生物矿化的微量热法、静电沉淀处理城市空气污染技术、新型生物膜载体的市政废水处理技术、高铁酸盐去除饮用水中的砷、铁、锰、磷酸盐及细菌病毒的技术等。这些技术先后获授权发明专利 13 项。

目前这些技术除了在中国和匈牙利使用之外，还在塞尔维亚、罗马尼亚、瑞典、智利、澳大利亚等国广为使用。中国紫金矿业集团股份有限公司、中国五矿集团有限公司等在欧洲和非洲收购的有色金属矿山企业，其废物的资源化、减量化及其污染防控就采用了这些技术并且取得了较好的成效。

2018 年 9 月，匈牙利、瑞典、土耳其、加拿大、法国、英国、俄罗斯、乌克兰、捷克、摩纳哥、塞尔维亚等外方合作伙伴到我国四川矿山进行联合研究及现场试验

（二）培养人才

"中国—匈牙利环境与能源国际合作基地"运行以来，引进了国家"高端外国专家"

等 9 位全球顶级科学家来华工作，形成了国际领先的"有色金属行业废物资源化、减量化及其污染防控"国际团队。目前国际有色金属行业的污染控制标准和技术规范是由中国学者领衔的团队制定的，这标志着中国学者已经在该领域具有了较大的影响力。基地还有计划地开展课堂培训，让国际一流的专家学者为中国学生开展学术报告和课堂培训，直接受益者近万人。几年来，基地为我国培养了包括国家杰出青年基金获得者在内的 33 名研究生，夯实了我国在重金属污染治理领域高精尖人才的基础，为提升我国学者的创新能力和国际影响力做出了贡献。

（三）增强合作

"中国—匈牙利环境与能源国际合作基地"运行以来，已经主办了 7 次中匈双边及国际多边科技合作会议。依托"中国—匈牙利环境与能源国际合作基地"这个平台，中国加强了与欧美发达国家在环境能源领域的合作。

中匈双边及国际多边科技合作会议

时间	会议名称	会议议题	会议地点
2007 年	第一届中匈 Workshop	环境中的有毒物质	中国
2008 年	第二届中匈 Workshop	生态系统分析的新工具	中国
2009 年	第三届中匈 Workshop	环境中无机与有机污染物对生态系统的影响	匈牙利
2010 年	中匈国际学术论坛	环境微生物与化学物质特征	中国
2015 年	第四届中匈 Workshop	矿山环境污染修复治理	中国
2018 年	第五届中匈 Workshop	环境保护与清洁生产	中国
2019 年	第六届中匈 Workshop	矿山污染物的环境生物地球化学行为及响应机制	匈牙利

2007—2019 年，已举行了 7 次中匈双边及国际多边科技合作会议

同时，依托"中国—匈牙利环境与能源国际合作基地"，中外学者合作开展了 15 项科技合作项目，其中包括欧盟可持续发展中国家环境项目、中国—匈牙利政府间科技合作交流项目、国家重点研发计划项目、国家自然科学基金委国际合作重点项目以及国家自然科学基金重点项目等，项目经费超过 1 亿元人民币。

这些会议的召开以及项目的实施，进一步加强了中国学者同国际同行之间的交流与沟通。

（四）扩大影响

2019 年 9 月 10 日，"中国—匈牙利环境与能源国际合作基地"匈方代表古拉·扎瑞教授和中方代表姚俊教授应匈牙利驻华使馆（北京）邀请，出席中匈建交 70 周年庆典并举办匈牙利研究日活动。2019 年 11 月，双方团队又在布达佩斯参加中匈建交 70 周年庆典，姚俊教授荣获匈牙利 Tibor Török 国际合作勋章（每年度在全世界范围内选 2 名）。庆典活动中，双方政府均表示要持续支持"中国—匈牙利环境与能源国际合作基地"建设，为合作双方搭建平台、深化合作、培养队伍提供条件，为中、匈两国科技合作和传统友好往来注入新活力。

2019 年，双方团队分别在匈牙利驻华大使馆（北京）和匈牙利布达佩斯参加中匈建交 70 周年庆典

由于"中国—匈牙利环境与能源国际合作基地"对中国重金属污染治理方面有突出贡献，基地匈方首席专家古拉·扎瑞教授也因此获得了矿山行业重要大奖——2019 年度"绿色矿山突出贡献奖"，并且获得了 2021 年度"中国政府友谊奖"。

这些活动不仅加深了中国和匈牙利政府之间的联系，也扩大了中国学者在国际上的影响力。

古拉·扎瑞教授获得 2021 年度"中国政府友谊奖"

古拉·扎瑞教授获得 2019 年度"绿色矿山突出贡献奖"　　姚俊教授荣获匈牙利 Tibor Török 国际合作勋章

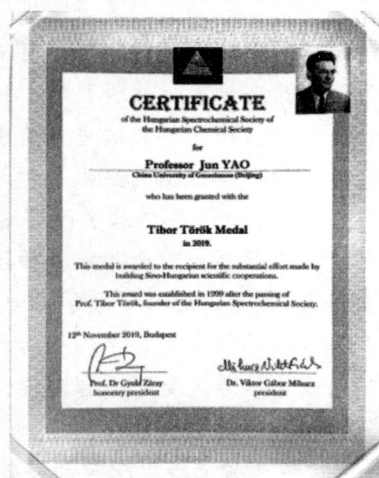

四、未来展望

目前中匈之间的科研合作主要局限在重金属污染的矿山与土壤的修复治理和恢复的某些领域。今后 3～5 年，随着合作的深入，双方的合作内容拟拓展到矿山的整个产业链，包括重金属、有机物监测分析方法、有毒元素地球化学和矿山废物污染风险评估、有色金属行业废物资源化、减量化及污染防控技术等领域。

国际上，目前基地参与合作的国家由原来创始阶段的中、匈双边合作扩大到中国同匈牙利、斯洛文尼亚、德国、意大利、英国、法国、意大利、罗马尼亚、保加利亚、塞尔维亚、马其顿、克罗地亚、瑞典、加拿大及美国等国家级国际组织的多边合作，承担了中国、欧盟等国家和企业的重大项目。未来在加强同欧盟合作的基础上，中国地质大学（北京）还考虑将合作范围扩充到哈萨克斯坦等一些中亚国家；国内除了继续同北京科技大学等科研院所合作外，会进一步加强同中国紫金矿业集团股份有限公司、中国五矿集团有限公司等大型矿业企业的合作。这些矿业企业有生产实践的需求，又具备一定的科研和技术能力，将这些企业吸引到基地中来，可以更好地实现强强联合和优势互补，不断推动科学研究同生产实践相结合。

撰稿：中国地质大学（北京）　姚俊、马博、刘建丽、杨力行、闫宁、刘帮

【中国地质大学（北京）简介】

中国地质大学（北京）（China University of Geosciences · Beijing）是教育部直属并与自然资源部共建的全国重点大学，2017 年入选国家"双一流"大学建设行列。作为一所以地质、资源、环境为主要特色的研究型大学，中国地质大学（北京）涵盖理、工、文、管、经、法等多个学科。当下，国家强调生态文明建设、秉持绿水青山就是金山银山的理念，环境学科是将学校所有学科串在一起承担国家重大需求的媒介，环境学科发展对学校在社会上的地位具有举足轻重的作用。同时，地球科学、工程学、材料科学、环境与生态学、计算机科学、化学等 8 个学科领域进入 ESI 排名全球前 1‰，地球科学、工程学 2 个学科领域进入前 1‰。作为中国地球科学高层次人才培养的摇篮和地学研究的基地，学校拥有高水平师资队伍——中国科学院院士 11 人，中国工程院院士 1 人，国家杰出青年科学基金获得者 16 人，国家级教学名师奖获得者 1 人，全国优秀教师 2 人，全国高校黄大年式教师团队 2 个，国家级教学团队 1 个，国家优秀青年科学基金获得者 19 人，北京市教学名师 28 人，北京市青年教学名师 5 人，教授 303 人，副教授 389 人。学校有着科学的布局和组织策划，在科研项目、高水平学术成果、科研获奖、科研人才培养、科研平台建设、知识产权和成果转化等方面成绩显著；坚持把立德树人作为根本任务，为国家培养了 20 余万名优秀人才，44 位毕业生当选两院院士，200 余人被评为省部级以上劳动模范。

【合作单位简介】

罗兰大学（Eötvös Loránd University）建立于 1635 年，涵盖各类学科，是匈牙利历史悠久、规模最大的知名综合性高等学府之一。罗兰大学是一所科研和教学并重的欧洲名牌大学，至今已培养出众多优秀人才，其中包括 5 位诺贝尔奖得主、2 位沃尔夫奖得主、1 位阿贝尔奖得主、匈牙利国家元首和国会主席以及众多世界著名科学家。罗兰大学拥有强大的教师团队，25％的匈牙利科学院院士在罗兰大学任教。罗兰大学学历受中国教育部及世界多国认可，在国际上有广泛的合作，与全球 450 多所名校有着合作关系。

矢志不渝，跨越万水千山

——西北大学携手中东欧国家高校共同研究气候变化难题

引言

全球变暖导致暴雨、洪涝、干旱、台风、高温热浪、寒潮、沙尘暴等气候事件频繁发生，极端天气的频发正在向人类敲响警钟，严重的气候变化对人类生存产生了威胁，积极应对气候变化已经到了刻不容缓的地步。共同应对气候难题不仅需要国家之间的战略合作，更重要的是，还需要高校之间开展深入的科学研究、人才培养与交流合作，以培养具有广阔国际视野、专业技能知识的复合型人才来应对气候变化。鉴于此，西北大学携手中东欧国家的高等科研院所始终围绕气候变化问题在教育领域开展系列合作，并取得显著成效。长期的合作经验为进一步推动中国与中东欧国家在教育领域深入合作带来示范效应。

一、合作背景

西北大学与中东欧国家高校和研究机构的合作交流可谓源远流长，最早可追溯到20多年前，在国家留学基金委的项目支持下，西北大学的教师赴波兰华沙经济学院和华沙理工大学开展访学交流，随后这一希望的种子生根发芽，为西北大学正式与中东欧国家高校和研究机构开展合作交流奠定了基础。

西北大学早在2003年就依托地质学优势学科，在国内开始二氧化碳捕集与封存研究，探索应对气候变化的技术路径，努力尝试为中国应对气候变化寻求解决方法。与此同时，中东欧国家在应对气候变化方面具有较好的发展理论和实践经验。因此，西北大学与中东欧国家高校和研究机构主要围绕人类共同面临的气候难题开展深入合作。

自2002年以来，西北大学以与中东欧国家高校和研究机构的合作作为国际化发展的主要方向，先后与波兰国家学术交流局、波中教育基金会、波兰华沙经济学院、波兰华沙理工大学、匈牙利科学院、捷克赫拉德茨—克拉洛韦大学、捷克帕尔杜比采大学、捷克利贝雷茨技术大学、斯洛伐克农业大学等10余家机构签署了学术交流与合作协议，合作机构涉及波兰、匈牙利、捷克、斯洛伐克、保加利亚等中东欧国家，成为与中东欧国家高校和研究机构开展合作交流最早、最广泛且最为密切的中国高校之一。

二、发展历程

2002 年，西北大学与华沙理工大学生产工程学院建立合作伙伴关系，经济管理学院聘请斯坦尼斯瓦夫·斯特尔扎克教授为兼职教授；双方开启了 20 年的友好合作，在教师交流、科学研究、引才引智方面取得扎实成果。

2003 年，西北大学与华沙理工大学合作研究成果《亚洲与欧洲经济与管理发展：对比研究》（*Economic and Managerial Developments in Asia and Europe：Comparative Studies*）由波兰 KRAMIST 出版集团出版发行。

2004—2010 年，华沙经济学院世界经济系的艾娃·杰杰茨教授来访，作为波兰国家旅游卫星账户项目的首席专家，指导西北大学经济管理学院旅游系的教师开展中国旅游卫星账户的研究与编制。

2006—2009 年，华沙理工大学斯坦尼斯瓦夫·斯特尔扎克教授应邀给西北大学 MBA 项目讲授"物流管理"课程。

2010 年，西北大学经济管理学院派出王凤副教授赴华沙理工大学进行访学。

2011—2013 年，华沙经济学院世界经济系与西北大学持续开展旅游营销和组织行为的合作交流。

2014 年，雅克·费得姆克教授来访，开展学术交流。

2015 年，西北大学与蒙代尔大学签署合作备忘录。

2016 年，捷克利贝雷茨技术大学校长兹德涅克·库斯、赫拉德茨—克拉洛韦大学校长约瑟夫·海尼克、帕尔杜比采大学校长米勒斯朗夫·拉韦格 3 人一同到访西北大学。时任西北大学校长郭立宏会见了来访嘉宾，并与 3 所来访捷克高校分别签署了校际交流与合作协议书。

2018 年，陕西省高等教育代表团在波兰华沙举办专场教育交流会。时任西北大学党委书记王亚杰与波兰国家学术交流局、波中教育基金会、波兰华沙经济学院、华沙理工大学等举行"西北大学引才引智工作站（华沙）授牌仪式"。同时，与匈牙利科学院、赫拉德茨—克拉洛韦大学签署了学术交流与合作协议。

2019 年，西北大学与华沙经济学院共同带头，联合英国格拉斯哥大学亚当·斯密商学院、葡萄牙波尔图大学经济学系、法国巴黎第十三大学和新加坡管理大学共同申请了波兰国家学术交流局项目。保加利亚前任副总理、现任保加利亚索非亚大学教授的亚历山大·托莫夫访问西北大学，为下一步合作奠定坚实的基础。

2020 年，西北大学联合华沙经济学院、华沙理工大学、赫拉德茨—克拉洛韦大学、捷克帕尔杜比采大学和匈牙利科学院，以"基于 NBS 视角下中国—中东欧国家绿色发展实践的比较研究"为题申请并获批 2020 年度中国—中东欧国家高校联合教育项目，试图通过为中国绿色发展探寻国际经验。

2016 年 3 月，时任西北大学校长郭立宏教授会见来访嘉宾

2018 年 10 月，时任西北大学党委书记王亚杰参加教育交流会

2021 年，西北大学联合挪威统计局气候变化经济学领域专家安德斯·俄克兰教授、捷克蒙代尔大学斯瓦托普卢克·卡普内克教授、斯洛伐克农业大学克劳迪娅·哈拉索瓦教授和匈牙利科学院宁圃玉教授，参与"二氧化碳捕集利用与封存技术学科创新引智基地",最终获批陕西省科技厅 2021 年引进国外智力示范基地,为中国碳达峰碳中和目标献计献策。

三、成果总结

(一)合作研究,出版多项具有国际影响力的标志性成果

西北大学始终围绕气候变化这一全球性难题,基于地质学、经济学等优势学科邀请中东欧国家高校和研究机构共同开展研究,并取得了一系列具有国际影响力的标志性成果。

围绕气候变化中碳减排技术发展及其未来创新,西北大学联合捷克赫拉德茨—克拉洛韦大学雅罗斯拉夫·库瓦尼克教授、挪威统计局气候变化经济学领域专家安德斯·俄克兰教授、悉尼大学莱恩·切斯特教授等高校专家学者开展研究,为期数载,多方通力合作,共同在 *Hradec Economic Days* 发表多项研究成果:一方面从二氧化碳捕集、封存与利用(CCUS)技术与政策的视角来减少碳密集行业的碳排放,以缓解气候变化;另一方面从气候援助基金的视角来分析国家或区域合作来应对气候变化的机制设计及其效果。

为研究在气候变化背景下,中国经济绿色发展路径及其评价绩效构建等问题,由西北大学经济管理学院牵头,依托科技部、教育部"高等学校学科创新引智计划"("111引智计划"),共同翻译出版了《总体绩效:资本主义新精神》《财富新指标》《经济增长值得期待吗?》《制度经济学》等国际名著,从国际绿色发展的经验和优秀的研究成果中,为中国应对气候变化和发展绿色经济提供了经验支撑。

(二)人员互访,推进双方师生交流学习

师生联合培养、课程共同开发、学术会议共享等都是西北大学与中东欧国家高校及科研院重点努力发展的方向;各方学校高度重视,高层实现互访……通过不懈努力,西北大学关于气候变化的研究已取得显著成效。

1. 在课程建设方面

2014 年,华沙经济学院达尼什·达尼列维奇教授受邀来到西北大学,并积极参与课程开发与建设,带领青年教师共同开设国际化视角下"人力资源管理"课程,以此方式推动西北大学课程建设的国际化新进程。2016 年 3 月,捷克利贝雷茨技术大学校长兹德涅克·库斯、赫拉德茨—克拉洛韦大学校长约瑟夫·海尼克、帕尔杜比采大学校长米勒斯朗夫·拉韦格 3 人一同到访西北大学,时任西北大学校长郭立宏会见了来访嘉宾,并分别签署了校际交流与合作协议书。同年 10 月,西北大学邀请赫拉德茨—克拉洛韦大学雅罗斯拉夫·库瓦尼克教授来访并为学生主讲"会计学"课程。

出版系列专著

2. 在会议交流方面

2016 年 10 月，赫拉德茨—克拉洛韦大学雅罗斯拉夫·库瓦尼克教授介绍了由该学校主办的国际学术会议"赫拉德茨经济学国际会议"（Hradec Economics Day，简称 HED 国际会议），重点介绍了该会议的宗旨、内容及其要求，并鼓励双方共同研究及参会。自 2017 年开始，西北大学与赫拉德茨—克拉洛韦大学在经济学、管理学开展了扎实的科研合作，近五年间 20 多篇优秀论文入选 HED 国际会议，在这个中东欧影响力突出的国际学术平台上发出了西北大学的声音，强有力地支撑了中东欧国家举办的国际会议，同时扩大了这次会议在研究中国问题上的影响力。

3. 在师生联合培养方面

在西北大学与中东欧国家高校及科研院不断深入合作的基础上，西北大学的师生纷纷到中东欧国家交流、访问和学习。近十年来，累计 10 位年轻教师分别赴华沙经济学院、华沙理工大学、蒙代尔大学、斯洛伐克农业大学和匈牙利科学院等学校学习交流，同时通过灵活引智、线上讲座等方式与中东欧国家高校和研究机构开展合作，扎实推进师生国际交流与合作。

近年来，得益于各方高校与研究机构高层的重视，相关高校实现了高层互访，共同制定了合作方向。2019 年，西北大学联合英国格拉斯哥大学亚当·斯密商学院、葡萄牙波尔图大学经济学系、法国巴黎第十三大学和新加坡管理大学，共同支持波兰华沙经济学院申请了波兰国家学术交流局的项目——"未来实验室：职业、商业与文化——欧亚视角"。

2019 年 11 月，西北大学教师与安德斯·俄克兰教授共同参加世界大学气候变化联盟研究生论坛

（三）学者引进，举办国际高端学术讲座

高端学者引进对于西北大学这样的西部高校尤为重要，而西北大学与中东欧国家高校和研究机构的合作为开放办学、提高国际化水平奠定了良好的基础。西北大学抓住这一合作机会，针对在应对气候变化的全球性挑战问题上引进学者、共同研究，各方的合作凸显高质量国际合作交流对构建人类命运共同体的重大意义和现实需要。

大力引进专业领域的高端人才，2016—2018 年获批国家外专局"教科文卫类"高端外国专家 2 人，包括法国里尔第一大学教授佛罗朗斯·雅妮-卡特里斯、挪威国家统计局高级经济师安德斯·俄克兰教授。2018 年，佛罗朗斯·雅妮-卡特里斯教授获陕西省高端人才称号，并因杰出的合作成果获得了 2018 年西安市优秀外国专家奖和 2019 年陕西省三秦友谊奖。除此以外，大量的中东欧国家高校和研究机构的学者也受到了陕西省各类人才项目的支持。高端人才的引入为西北大学办学发展注入新动力，也为西北大学国际化发展奠定了基础。

为进一步深化与中东欧国家和研究机构的深度科研合作和高层次人才引进、扩大国际影响、开拓未来视野、促进学科发展、掌握前沿趋势，西北大学特邀请诺贝尔奖、菲尔兹奖、图灵奖、普利策奖获得者来校开设"诺奖论坛"。以该论坛为抓手，西北大学鼓励更多中东欧国家的优秀学者来校开设讲座，提升学生的国际化视野。

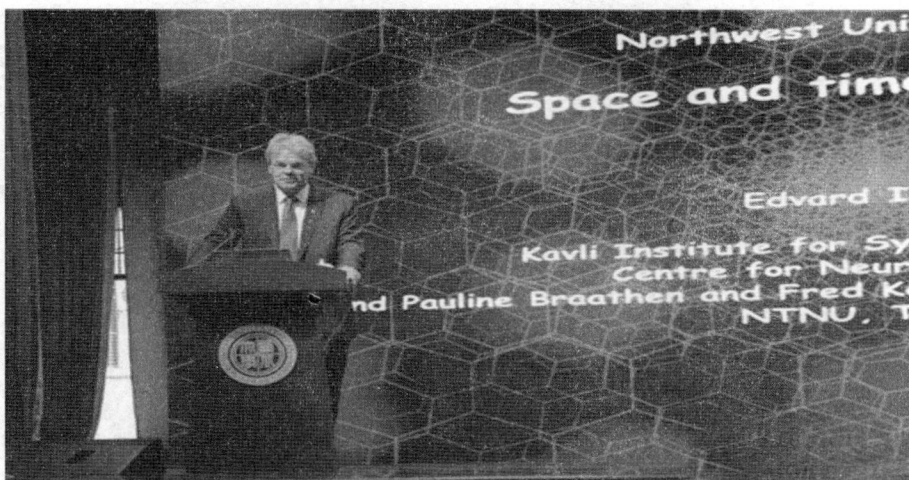

2018 年 9 月，西北大学邀请诺贝尔医学与生物学奖得主爱德华·莫泽教授做学术报告

四、未来展望

回首过去十年，西北大学始终秉持开放办学的理念，积极开展与中东欧国家高校和研究机构的合作，围绕气候变化这一国际性难题进行了人才培养和研究合作，为解决这一难题提供中国方案、贡献中国智慧。未来 3~5 年，西北大学将在新的历史时期抓住机遇，继续在更大范围内拓展与中东欧国家高校和研究机构的合作，从应对气候变化的技术合作逐渐转向专业性人才培养、政策分析人才培养等领域，并支持更多学生外出访学，积极引进中东欧国家在气候变化研究方面具有一定造诣的学者专家并请他们进行授课教学；同时，围绕重大课题进行合作研究，发挥双方的科研优势，通过加强交往来深化合作，实现双赢。以开放的胸怀和姿态迎接新的挑战，才能在国际化发展中实现自己华丽而动人的蝶变！

撰稿：西北大学 史贝贝、康蓉

【西北大学简介】

西北大学（Northwest University）是一所具有深厚基础研究积淀的高水平综合性大学，文、理、工、管、法等学科门类齐全；是教育部与陕西省共建高校、国家"211工程"建设院校、国家"双一流"建设院校。学校十分重视对外科技文化交流，已与美、英、法、德、日等近 30 个国家及地区的 120 余所大学、科研机构建立了友好合作关系。

西北大学早在 2003 年就依托地质学优势学科，在国内最早开始二氧化碳捕集利用与封存研究，探索应对气候变化的技术路径。自 2017 年起，学校连续三年作为中国政府代表团成员参加第 23 届至第 25 届联合国气候变化大会，协助举办中国角 CCUS 主题边会。西北大学始终将应对气候变化的难题作为科学研究的方向之一，并围绕该问题组建科研团队，开展国际合作，强化研究团队的国际研究视野，推动学科团队发展和提升科研团队的国际化水平。中东欧国家在应对气候变化上具有丰富的发展理论和实践经验，这一潜在优势为西北大学在研究气候变化问题方面提供了合作机会，而中国教育国际交流协会为西北大学与中东欧国家之间高校的合作提供了良好的平台，推动了双方的合作。

为国际防灾减灾事业提供"中国方案"

——大连理工大学"一带一路"沿线中东欧国家防灾减灾教育项目

引言

土木工程的发展对社会的进步具有巨大的促进作用，但强震作用下土木工程的破坏或倒塌也可造成巨大人员伤亡和财产损失。因此，如何加强和提高土木工程，特别是重大土木工程的防灾减灾能力，是所有面对严重自然灾害国家，特别是众多"一带一路"沿线发展中国家所共同面对的重大科学问题。

2016 年 4 月 29 日，习近平在十八届中共中央政治局第三十一次集体学习时指出："'一带一路'倡议就是要继承和发扬丝绸之路精神，把我国发展同沿线国家发展结合起来。"这一指示为我国与沿线国家的发展注入了新的生命。值得一提的是，中国与中东欧国家间合作是高质量共建"一带一路"的重要组成部分，加强中东欧国家研究及合作对助力"一带一路"建设具有重要意义。《中国—中东欧国家合作布达佩斯纲要》也着重强调了中国与中东欧国家间基础设施建设和人员交流的重要作用。

为我国与"一带一路"沿线中东欧国家关系的稳定发展积极创造条件，本项目联合塞尔维亚、阿尔巴尼亚、黑山和北马其顿等 4 个国家 4 所高校和科研院所的专业人员，以防灾减灾合作与交流为重点，通过举办高端学术论坛，推进我国与"一带一路"沿线中东欧国家间防灾减灾国际合作，实现科技减灾的目的。

一、合作背景

据统计，"一带一路"沿线 65 个国家在 1980 年至 2015 年间共发生自然灾害 4 581 次，其中 583 次发生在中东欧地区。中国也是自然灾害多发的国家之一，35 年间发生自然灾害 758 次。20 世纪 80 年代"一带一路"国家平均每年发生自然灾害 64 起，90 年代后增至每年 118 起；21 世纪后平均每年发生 177 起。此外，自然灾害造成的损失也逐年增加，"一带一路"沿线国家中，80 年代每年导致约 1.18 万人死亡、11 771 万人受灾，造成 60 亿美元的经济损失；90 年代每年导致约 3.6 万人死亡、18 228 万人受灾，造成 257 亿美元经济损失；21 世纪以后每年导致约 5.02 万人死亡、17 212 人受灾，造成 283 亿美元经济损失。由此可见，无论国家经济发展程度如何，自然灾害均会对宏观经济造成较大的负面影响。对于发达国家，灾害将造成巨大的经济损失；对于发展中国家，灾害则可能造成经济的倒退。

整体而言，"一带一路"沿线的中东欧经济体承灾能力与我国处于相似的发展阶段，彼此具备良好的相互借鉴、共同发展的合作基础。因此，本项目致力于探索和推进"一带一路"沿线中东欧国家防灾减灾国际合作的新途径。在当前"一带一路"沿线国家面临严重灾害风险、防灾减灾能力与国际合作基础薄弱的现状下，通过举办防灾减灾高端学术论坛，探寻推动各方防灾减灾合作的切入点，以国际合作交流、人才联合培养为抓手，加强各国灾害预防、防灾减灾知识、技能、理念、文化等多方面的沟通与互助，吸引更多的"一带一路"沿线中东欧国家参与到防灾减灾的国际合作中，使合作机制更具活力和持续性，为我国"一带一路"高质量发展保驾护航。

二、发展历程

在我国政府与"一带一路"沿线中东欧国家签订广泛科技合作协议的背景下，本项目联合"一带一路"沿线的塞尔维亚、阿尔巴尼亚、黑山和北马其顿等 4 个国家 4 所高校和科研院所的专业人员，通过国际交流与合作，围绕重大土木工程防灾减灾的诸多环节，选取共同关注的土木工程防灾减灾关键问题开展专题讨论和交流，并探索建立联合培养减灾后备力量的新机制，传授科学有效的减灾途径和方法，实现共同减灾的目标，促进"一带一路"沿线国家土木工程建设领域的协同发展和技术进步。

项目重点围绕两个技术方向开展灾害预防和减灾教育工作：一是针对各国已发生过的灾害情况开展线上深入交流和分析，从成灾机理、影响因素、减灾途径和减灾方法、成功经验和教训等方面开展专题研讨，以科学认识角度提升减灾水平，完善减灾策略；二是发挥各自优势，探索预防未来自然灾害风险的可行性减灾技术良策，并探索在 4 所高校和科研院所共同开设减灾教育相关课程的联合教学模式，培养专业领域的后备力量，增强抗灾能力和降低经济易损性的方式，减少灾害发生的风险以及可能造成的损失。具体进展如下：

（一）签署合作协议，搭建合作平台

大连理工大学与"一带一路"沿线中东欧国家塞尔维亚的诺维萨德大学、阿尔巴尼亚的地拉那大学、黑山的黑山大学、北马其顿地震工程研究所具有良好的合作基础，且分别与上述 4 所高校和科研院所签订了合作协议，就项目申请、人才培养等方面制订了合作计划，致力于促进双边和多边科技合作。

大连理工大学与本项目参与高校协议签署情况

序号	国家	合作学校（机构）名称	签署协议类型	签署日期
1	塞尔维亚	诺维萨德大学	科技合作	2020 年 3 月 13 日
2	阿尔巴尼亚	地拉那大学	谅解备忘录	2019 年 10 月 2 日
3	黑山	黑山大学	谅解备忘录	2019 年 11 月 3 日
4	北马其顿	地震工程研究所	科技合作	2013 年 12 月 2 日

（二）推进交流互访，深化合作关系

多年来，上述 4 所高校和科研院所的专家学者多次到访大连理工大学开展学术交流，大连理工大学专家学者也曾率队多次出访 4 所高校和科研院所，针对防灾减灾的相关专题进行研讨。双方共同表示将建立更为广泛的合作途径和方式，包括开展联合教学等活动，为本项目的顺利开展创造了良好基础。

值得一提的是，大连理工大学和北马其顿地震工程研究所具有长期的合作基础。自1996 年以来，双方开展了频繁的交流和交往，并且得到了中华人民共和国科学技术部的大力支持，连续三次获批中国—北马其顿政府间科技合作项目。2015 年 5 月，北马其顿地震工程研究所所长米哈伊尔·加雷夫斯基教授一行访问大连理工大学，以推进执行中国—北马其顿双方科技部签订的"城市工程结构液化危险性的减轻与预防研究"政府间科技合作项目。其后，大连理工大学建设工程学部李钢教授一行访问北马其顿地震工程研究所，进一步推进双方合作研究。

（三）连续举办"一带一路"沿线中东欧国家防灾减灾教育高端学术论坛

2019 年 9 月以及 2021 年 11 月，大连理工大学先后举办两届"一带一路"沿线中东欧国家防灾减灾教育高端学术论坛，来自大连理工大学与塞尔维亚、阿尔巴尼亚、黑山、北马其顿的 4 所合作高校和科研院所的专家和青年学者参加。

论坛邀请长江学者李宏男教授、王国新教授、李昕教授、李钢教授参与；同时，也邀请国内防灾减灾专业青年人才参加此论坛活动。与会专家具有良好的理论研究基础和实际工作经验，在土木工程、水利工程、地震工程等领域的前沿性科学问题开展了深入研究。

基于与上述 4 所高校和科研院所长期合作的基础，论坛总结了近几年国内外地震灾害中的经验和教训，提升了"一带一路"沿线中东欧国家在地震预警、灾害预防、灾害应对等方面的技术能力，开展以防范地震灾害为主、地震次生灾害为辅的专业人才学术交流，提高了各国对防灾减灾重要性的认识，共同应对灾害带来的挑战，使防灾减灾的国际合作落到实处。

**2019 年 9 月，中东欧 4 个国家 15 位专家访问大连理工大学并参加
"一带一路"沿线中东欧国家防灾减灾教育高端学术论坛**

**2019 年 9 月，中东欧 4 个国家 15 位专家访问大连理工大学并
参观海岸和近海工程国家重点实验室**

2019 年 9 月，中东欧 4 个国家 15 位专家参观大连理工大学负责设计的星海湾跨海大桥

（四）撰写"一带一路"沿线中东欧国家防灾减灾现状和发展趋势调研报告

本项目针对"一带一路"沿线国家自然灾害多发，缺乏专门针对"一带一路"沿线国家间防灾减灾合作的平台与框架，特别是我国与中东欧国家间防灾减灾科技合作基础薄弱，尚未形成"一带一路"区域间防灾减灾国际合作的集群、示范性效应的现状，提出在基于国际合作基础上，通过科技论坛的方式，邀请我国与上述 4 所合作高校和科研院所的专家系统性地介绍"一带一路"沿线国家的减灾现状、技术优势和发展趋势，借助各国在以往地震灾害中总结出来的经验和教训，为"一带一路"沿线中东欧国家在地震预警、灾害预防、灾害应对等方面提供技术支持，进而撰写"一带一路"沿线中东欧国家防灾减灾现状和发展趋势调研报告。

（五）探索我国与"一带一路"沿线中东欧国家高校间共同开设减灾教育课程可行性

以本项目为基础，以防灾减灾国际合作为切入点，研讨在大连理工大学与塞尔维亚、阿尔巴尼亚、黑山、北马其顿的 4 所合作高校和科研院所间共同开设灾害教育专业课程的可行性，探索建立专业防灾减灾人才的技术培训机制，提高各国的防灾减灾能力，共同应对灾害带来的挑战，使防灾减灾的国际合作落到实处。

三、成果总结

本项目参与的各方单位立足世界发展大势，把握科技创新，发挥国际合作等优势，聚合多方动能，共同将本项目做得有意义、有价值、有希望、有潜力。各方单位发挥科研、资源、人力等多种优势，相互融合、深化合作，推动双方合作结出硕果，为中国以及"一带一路"沿线中东欧国家的防灾减灾工作起到了促进作用。

（一）以解决实际问题的良好成效推动新发展

北马其顿地震工程研究所认为大连理工大学的成果具有良好的实际应用价值，并成立了专门的研究团队、建立了双方深入合作机制；通过对北马其顿首都斯科普里典型结构的安全性评估，对北马其顿的危险建筑做了抗震应急支撑加固，解决了当地防灾减灾工作所面临的实际问题。在北马其顿地震工程研究所成立 50 周年之际，该所为本项目主要实施人、大连理工大学王国新教授颁发了荣誉证书，以表彰其长期致力于双方开展富有成效的科研合作。

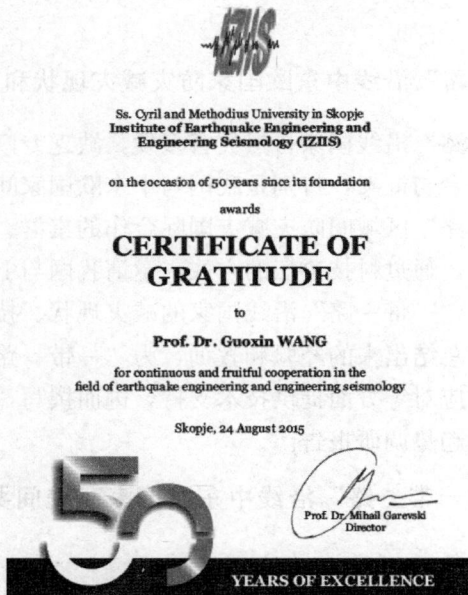

Ss. Cyril and Methodius University in Skopje
Institute of Earthquake Engineering and
Engineering Seismology (IZIIS)

on the occasion of 50 years since its foundation

awards

CERTIFICATE OF
GRATITUDE

to

Prof. Dr. Guoxin WANG

for continuous and fruitful cooperation in the
field of earthquake engineering and engineering seismology

Skopje, 24 August 2015

Prof. Dr. Mihail Garevski
Director

YEARS OF EXCELLENCE

2015 年 8 月，北马其顿地震工程研究所向大连理工大学王国新教授颁发荣誉证书

（二）建立防灾减灾领域国际化专业人才培养新机制

本项目联合 4 所"一带一路"沿线中东欧国家的高校和科研院所的专业人员，形成并建立"一带一路"沿线国家稳固的国际合作基础和科研团队，推进沿线更多国家在防灾减灾领域的共同发展，促进各国之间在科研合作、文化沟通、政策研究等方面的交流与合作，进而探索建立具有国际视野的防灾减灾高端人才队伍的新机制。

（三）开创中国—中东欧国家高校间科技合作新模式

本项目通过专题研讨、成果汇报、交流合作等方式，以各国在防灾减灾中的成功经验和失败教训为主要交流内容，最大限度展示各国在防灾减灾领域的成果、研究现状和未来发展设想，探索建立新型防灾减灾科技合作模式。

（四）推进构建人类命运共同体在防灾减灾领域取得新成果

本项目既符合我国倡导的人类命运共同体理念，也符合各国经济社会发展的内在需要，还对拓展我国的国际影响力具有积极的推动作用。本项目的实施切实服务了"一带一路"沿线国家的防灾减灾事业发展，支持"一带一路"沿线中东欧国家提升防灾减灾能力，进而推进构建人类命运共同体的理念在防灾减灾领域取得实质性成果。

四、未来展望

2022 年是中国国家主席习近平提出"一带一路"倡议 9 周年。展望未来，大连理工大学将以本项目为契机，基于现有合作基础，继续依托双方政府的支持，走向高质量的联动发展，使务实合作再上新台阶；进一步增进与"一带一路"沿线中东欧国家高校间的理解与互信，达成更深层的合作。未来将与"一带一路"沿线中东欧国家高校继续开展深层次的合作与互通，培育民间友好人士，为中国与各国友好关系持续发展积蓄力量。

撰稿：大连理工大学 王任琦、王国新

【大连理工大学简介】

大连理工大学（Dalian University of Technology）是中国共产党在新中国成立前夕，面向新中国工业体系建设亲手创办的第一所新型正规大学。大连理工大学是教育部直属全国重点大学，是国家"211 工程"和"985 工程"重点建设高校，也是世界一流大学 A 类建设高校。学校在国家开放大局中谋划新作为，开创国际化办学新格局，在"以我为主、开放办学"的国际化战略指引下积极参与推动共建"一带一路"教育行动、构建人类命运共同体，与 44 个国家和地区的 315 所海外知名高校、23 所科研机构建立了长期、稳定的校际合作关系。

【合作单位简介】

1. 诺维萨德大学

诺维萨德大学（University of Novi Sad）是塞尔维亚第二大公立大学，本部坐落于贝尔格莱德以北的塞尔维亚第二大城市诺维萨德。该校有 60 多年的建校历史，是中欧最大的教育和研究中心之一，有 14 个学院，50 000 多名学生，5 000 多名教职工。作为综合性大学，该校具有科学和高等教育领域的几乎所有学科。该校各院系及"跨学科和多学科研究中心"提供约 400 门获得欧盟认可的学习课程，包括学士、硕士、和博士各层次。研究课程现代化，紧跟最新的科学与研究发展——除了各院系和"中心"外，两所科学研究院也为该校教育的持续现代化进程创造了坚实的科学基础。诺维萨德大学是中国—中东欧国家高校联合会会员校之一，也是联合会中东欧方第二届秘书处。

2. 地拉那大学

地拉那大学（Tirana University）是阿尔巴尼亚一所包括文学、法学、理学、工学、医学的综合性大学。该校于 1957 年建立。在阿尔巴尼亚，该校是最大的教学与科研中心，具有举足轻重的地位。

3. 黑山大学

黑山大学（University of Montenegro）成立于 1974 年，是黑山唯一一所国立大学。黑山大学下设 15 个学院，4 个研究所；该校总部位于首都波德戈里察，学院分布在全国 5 个主要城市。

4. 北马其顿地震工程研究所

北马其顿地震工程研究所（The Institute of Earthquake Engineering and Engineering Seismology）成立于 1965 年。该所主要承担地震灾害评估、房屋建筑安全鉴定、地震预警与烈度速报以及强震动观测等科研及应用研究；建有动态测试实验室，拥有欧洲最大、最早的地震模拟振动台，土体动力学测试实验室，地球物理学实验室等；拥有国际先进地震工程综合试验系统。

中波合作，共赢未来

——沈阳师范大学与波兰雅盖隆大学联合开展科学研究

引言

当前，全球科学技术发展格局发生深刻变化，通过科技创新、交叉融合、协同互通等机制促进科技更快更好发展已成为科技界的普遍共识，因此，各国科学家关于共同探索、共克挑战、携手合作、共享成果的呼声更加强烈。沈阳师范大学与波兰雅盖隆大学在科学研究和学术交流等方面经过多年的深入交往、互通有无，目前已经建立了长期、稳定的合作关系，并开展了一些卓有成效的合作工作，取得了一些实质性成果，促进了中国和波兰两国在相关领域的共同发展。

一、合作背景

"一带一路"是经济之路、贸易之路、文化之路、开放之路，也是国际科技创新合作之路。国际间的科技合作是推动"一带一路"建设的"金钥匙"。与"一带一路"沿线重要国家持续开展科学研究合作不仅能够加速相应国家的科技进步，也将带动经济、贸易、文化等领域的全面发展，具有深远意义。

"中国—中东欧国家高校联合教育项目"是以中国—中东欧国家高校联合会平台为依托，通过互学互鉴，合作共赢，在高等教育的不同领域开展合作与交流，尤其在科研合作、学术交流、课程开发、联合实验室等方面加强合作，进一步加强中国与中东欧国家教育合作与交流，落实《中国—中东欧国家合作杜布罗夫尼克纲要》精神。

波兰地处欧洲"十字路口"，是"琥珀之路"和"丝绸之路"的交汇点，是中东欧地区体量最大的国家，也是"一带一路"沿线的重要国家。与波兰联合开展科学研究工作既能为"一带一路"添砖加瓦，也为"中国—中东欧国家高校联合教育项目"贡献力量。

二、发展历程

（一）合作伊始

　　沈阳师范大学赵震教授 2011 年受邀到波兰参加"NOEA 2011"学术会议，参会期间与雅盖隆大学的 Zbigniew Sojka 教授和 Andrzej Kotarba 教授进行了深入的学术探讨和交流，并表达了初步合作意向。之后双方频繁开展了系列学术交流活动。中方研究团队青年骨干教师戚克振副教授于 2013 年 12 月至 2015 年 6 月在 Zbigniew Sojka 教授课题组进行了为期一年半的博士后研究工作。为进一步促进中波双方的紧密合作和学术交流，Zbigniew Sojka 教授率领其研究团队应赵震教授的邀请，于 2016 年专程到访沈阳师范大学化学化工学院进行学术交流和访问。中方研究团队戚克振副教授于 2018 年 5 月 15 日至 19 日受 Zbigniew Sojka 教授的邀请前往波兰参加第三届能源和环境光催化材料国际学术会议。

2016 年 4 月，Zbigniew Sojka 教授一行访问沈阳师范大学

　　在沈阳师范大学化学化工学院与雅盖隆大学双方前期合作的基础之上，2018 年"油气资源高效转化与洁净利用催化技术研究与人才培养"获批了辽宁省教育厅高水平创新团队国（境）外培养项目。在辽宁省教育厅项目的大力支持下，沈阳师范大学和雅盖隆大学在科学研究、科研合作项目和学术交流等方面开展了多项工作。

（二）共克挑战

2019 年 10 月，双方联合申请获批了国家重点研发计划"政府间国际科技创新合作"重点专项项目"洁净柴油车尾气高效催化剂：NOx 和 PM 减排基础与技术研发"。该项目以柴油车尾气中最难处理的两种污染物 NOx（氮氧化物）和 PM（柴油车尾气排放的颗粒物）的高效催化净化消除为目标，开展高效催化净化柴油车尾气中 NOx 和 PM 的基础研究和应用技术研发。

自该项目立项以来，各承担单位通力合作，紧密联系，通过视频、电话、邮件、工作简报等形式，多次召开项目交流与研讨会议，探讨协调项目研究工作中需要解决的问题，充分体现了团队协作精神。同时，项目采取局域目标管理制度，双方研究团队主要成员会不定期举办与项目相关的最新知识讲座并开展交流，以达到互通有无、拓展双方各自领域知识的目的，特别是对双方团队的青年科技人才的成长具有极大的促进作用。而企业的技术开发部门也会召集技术骨干和生产部生产经验丰富的技术人员，开展技术交流及攻关。双方负责人之间及时沟通了解对方的项目进展、新发现、重大问题以及技术路线调整情况，并对项目相关的理论模型、设计方案、技术路线、人员调度等方面做出及时调整。

2021 年 5 月，合作双方就项目研究工作召开交流与研讨会议

（三）加强合作

2020 年 8 月，中方赵震教授团队与波方 Zbigniew Sojka 教授团队再次合作，联合其他高校获批建设中国科学技术协会"一带一路"国际联合能源与环境催化研究中心。该中心以沈阳师范大学为主导，联合波兰雅盖隆大学、俄罗斯莫斯科国立师范大学、俄罗斯库兹巴斯国立技术大学、中国石油大学（北京）、昆明贵研催化剂有限责任公司共同申报。

"一带一路"国际联合能源与环境催化研究中心的获批进一步促进了学校在能源与环境催化领域内的国际合作与交流，对于推动学校学科专业建设、国际化人才培养、科研创新水平提高、核心竞争力增强、服务区域经济发展能力和国际影响力提升等方面均具有十分重要的意义。

2020 年 9 月，中国科学技术协会"一带一路"国际联合能源与环境催化研究中心揭牌仪式暨学术委员会成立大会在沈阳师范大学举行

2021 年 11 月，双方在前期合作的基础上联合申请并获批了中国—中东欧国家高校联合教育项目"柴油车尾气 NOx 和 PM 催化净化高效催化剂及催化机理研究"。项目以中国—中东欧国家高校联合会平台为依托，通过互学互鉴，合作共赢，开展合作与交流，尤其在科研合作、学术交流、联合实验室等方面加强合作，进一步深化了中国与中东欧国家教育合作与交流，实现优势互补。

（四）拓展影响

2021 年 9 月，第一届发动机尾气排放炭烟颗粒催化消除国际学术研讨会在沈阳师范大学成功举行。本次会议由赵震教授和 Zbigniew Sojka 教授联合发起，由沈阳师范大学、"一带一路"国际联合能源与环境催化研究中心主办，中国石油大学（北京）、济南大学、昆明贵研催化剂有限责任公司、波兰雅盖隆大学协办。会议汇聚了国际炭烟颗粒催化净化领域著名的专家学者，以"发动机尾气洁净处理科学与技术"为主题，采取线上线下相结合的方式进行，来自中国、波兰、日本、意大利、西班牙、芬兰、法国 7 个国家的 50 余位专家学者参加了线上会议。

本次会议旨在全面展示近年来国内外专家学者在炭烟颗粒催化净化领域取得的最新研究进展和成就，分析目前面临的机遇、挑战及未来发展方向，促进产、学、研单位的专家学者间互相交流与深入讨论，搭建长效国际交流平台，进一步推进国内外炭烟催化净化领域科学与技术的发展和成果推广，同时也为携手创造世界生态文明美好未来、推动构建人类命运共同体做出贡献。

会议为期两天，共安排 11 个主题报告、16 个邀请报告，与会专家学者围绕会议主题进行了热烈的学术交流与研讨，大大促进了发动机尾气催化净化科学与技术的进步，增强了我国及波兰在该领域的知名度和影响力。

2021 年 9 月，第一届发动机尾气排放炭烟颗粒催化消除国际学术研讨会在沈阳师范大学举行

三、成果总结

"能源"与"环境"问题是当今世界面临的两大挑战。机动车尾气特别是 PM、NOx 等污染物是导致城市空气污染的主要原因之一。随着各国政府对城市空气污染治理要求的日益严格和人类对大气环保意识的不断提高，柴油车尾气的减排和治理已经成为一个亟须解决的重大环保技术难题。开展 NOx 和 PM 催化净化的基础研究和应用技术研发，为解决因柴油车尾气排放引起的环境污染问题提供关键技术支撑，不仅具有重要的催化科学基础研究意义，而且具有重大的应用价值。

围绕机动车尾气催化净化研究工作，沈阳师范大学化学化工学院院长、能源与环境催化研究所所长赵震教授研究组和雅盖隆大学 Zbigniew Sojka 教授研究组开展了科学研究合作。赵震教授研究团队对炭烟的催化氧化反应及 NOx 与炭烟颗粒同时消除反应的认识比较深入，并研制出能同时净化柴油车尾气四种污染物（PM、CO、CHx、NOx）的两段组合高效协同催化剂，获得了优异的四效净化效果。雅盖隆大学 Zbigniew Sojka 教授研究组开发了一系列高效 NOx 还原过渡金属氧化物催化剂，在柴油车尾气 PM 颗粒的消除方面取得了一系列具有创新性的研究成果。特别是合作双方在理论计算和分子模拟方面，尤其在结合实验结果方面，取得了一些高水平研究成果，并发表在 *Applied Catalysis B：Environmental*、*ACS Catalysis* 等国际高水平学术期刊上。该系列研究成果因其催化剂的制备方法简单，可实现炭烟颗粒的高效催化消除，有望实现氧化物催化剂大规模的工业化生产和商业应用，对柴油车尾气炭烟颗粒的高效催化消除至关重要，对于治理雾霾、保护环境具有重要的社会意义。

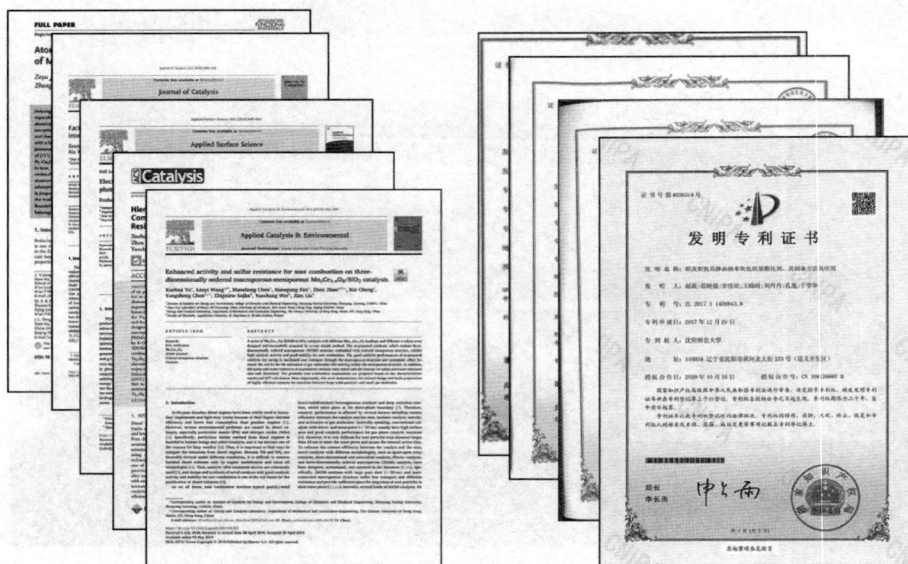

2019 年 10 月至 2022 年 9 月，双方联合发表多篇高水平学术论文，申请多项发明专利

双方联合申请获批了国家重点研发计划——"政府间国际科技创新合作"重点专项项目——"洁净柴油车尾气高效催化剂：NOx 和 PM 减排基础与技术研发"。该项目以柴油车尾气中最难处理的两种污染物 NOx 和 PM 的高效催化净化消除为目标，开展高效催化净化柴油车尾气中 NOx 和 PM 的基础研究和应用技术研发。针对 NOx 还原和 PM 氧化，研发高效催化剂。发展原位和在线表征技术，实现反应在线原位的精准表征；结合量化计算研究，阐明催化反应构效关系及机理；开发可控调节的涂覆技术，突破涂覆工艺和条件的技术壁垒，实现整体式催化剂的规模精准涂覆；实现 NOx 和 PM 同时消除，使其排放满足国Ⅵ/欧Ⅵ中的相应排放标准限值。

目前，双方已联合发表高水平论文 12 篇，授权发明专利 1 项，申请发明专利 4 项，培养研究生 8 人，获得科技奖励 2 项。

四、未来展望

沈阳师范大学与雅盖隆大学持续开展的合作研究工作有利于中波两国科研人员的合作与交流，尤其是增强了中波两国科技人员在油气资源洁净利用和环境保护领域的科技交流；双方进行密切合作、合力攻克科学难题，更好地服务国家经济和社会建设，大大促进了两国人民之间的了解和友谊，培养了高水平国际化科研人才，具有重要的社会效益和国际合作与交流意义。

撰稿：沈阳师范大学 殷成阳、王奕琛

【沈阳师范大学简介】

沈阳师范大学（Shenyang Normal University）位于辽宁省沈阳市，始建于 1951年。学校占地面积 123 万平方米，建筑面积 95 万平方米；现有全日制本科生 20 000 余人，硕士研究生 3 000 余人，长、短期留学生约 1 100 人。学校学科门类齐全，涵盖哲学、经济学、法学、教育学、文学、理学、工学、管理学、艺术学 9 大学科，设有 26个教学、人才培养单位，以及 16 个校属馆、部、中心、研究（院）所与附属机构。学校形成了本科生教育、研究生教育、留学生教育协调发展的育人体系。学校现有本科专业 77 个，国家一流专业 20 个、国家级一流本科课程 6 门、国家级实验教学示范中心 1个、国家级大学生校外实践教育基地 1 个、国家级卓越法律人才培养基地 1 个、中外合作办学机构 1 个、教育部卓越幼儿园教师培养计划改革项目 1 个、教育部卓越中学教师培养计划改革项目 1 个、教育部首批新文科研究与改革实践项目 1 项、教育部首批虚拟教研室项目 1 项。学校始终坚持科技创新理念，不断提高科研工作核心竞争力。学校现有省级及以上科技类创新平台 29 个，其中国际科技组织合作平台 1 个、辽宁省高校重大科技平台 1 个、重点实验室 15 个、工程研究中心 5 个、协同创新中心 2 个、校地校企研究院 2 个、技术转移示范机构 1 个、科技成果（知识产权）转化和技术转移基地1 个。

【合作单位简介】

雅盖隆大学（Jagiellonian University）建立于 1364 年，是世界上最古老的大学之一，位于波兰第二大城市克拉科夫，是欧洲大学协会成员，与华沙大学并列波兰最高学府。雅盖隆大学共有 16 个院系，在 4 000 多名学者及教授的培养和指导下，有 40 000多名大学生在 70 多个不同的专业进行学习和研究。凭借着精良的师资条件及先进的科研基础设施，雅盖隆大学成为波兰国内首屈一指的科研机构，并与全世界最优秀的高等院校进行合作。

"多源有机固废资源化利用减碳"为中国 "双碳"战略在"一带一路"发声

——西安交通大学与中东欧国家高校合作案例

引言

　　2020 年 9 月，中国国家主席习近平在第 75 届联合国大会一般性辩论上提出我国 2030 年碳达峰和 2060 年碳中和的"双碳"目标后，日本、欧盟和美国也提出到 2050 年实现碳中和。"碳减排"已成为当下大国核心竞争力的体现。我国每年产生超过 60 亿吨的农林生物质、生活垃圾、市政污泥、餐厨垃圾、畜禽粪污、煤矸石、气化渣、退役轮胎和报废汽车内饰等有机固废仍未得到高效高值化的利用甚至基本的减容无害化处理，大量的有机固废填埋和堆存对环境带来严重危害。"有机固废"，顾名思义，其中含有大量的含碳氢有机类物质，具有部分能源和有机化工原料产品的属性，并且大部分有机固废具有零碳或者低碳的属性。因此，将有机固废视为一种潜在资源而不是简单的作为一种污染废弃物，这是一种资源和生态和谐的新理念；发展先进的有机废弃物的资源化利用技术，不仅可以消除有机固废造成的环境污染，还能显著替代可观比例的传统化石能源使用，助力我国早日实现"双碳"目标；同时，通过在固废资源化利用领域与中东欧国家合作，可根据中东欧地区的固废禀赋特点应用推广和升级中方的相关技术，在"一带一路"为我国的"双碳"战略发声。

一、合作背景

　　有机固体废弃物是指人们在生产活动中产生的丧失原有利用价值或虽未丧失利用价值但被抛弃或放弃的固态或液态的有机类物品和物质。据统计，截至 2021 年底，我国历年堆存的工业固体废物超 600 亿吨，占地超 200 万公顷，每年新增固体废物约 100 亿吨，其中工业固体废物约 33 亿吨、建筑垃圾约 20 亿吨、农业废弃物约 40 亿吨。有机固废安全清洁高效处置是我国四大环保攻坚战的重要内容，关系国计民生和社会稳定。为了加强有机固废的管理与利用，国家颁布了《"十三五"全国城镇生活垃圾无害化处置设施建设规划》，国务院印发了《"无废城市"建设试点工作方案》，并通过了《中华人民共和国固体废物污染环境防治法（修订草案）》等系列政策。在近年来科技部的国家重点研发专项中，每年"固废资源化利用"领域的立项数目都是所有领域里最多的，可见我国对固废处理技术需求的迫切性。

开发先进的有机固废处理技术是中国—中东欧国家面临的共同难题。随着 2017 年中国禁止洋垃圾入境政策的出台，与本项目合作的中东欧国家也越来越面临着大宗有机垃圾和固废无法及时处理的重大难题，各国也在积极寻找垃圾处理的出路并开展多源有机固废处理新工艺的开发。以塞尔维亚来讲，该国的生活垃圾处理以填埋为主，占用大量土地，导致资源浪费、重金属衍生地下水等环境污染等问题，同时欧盟的相关指令明确规定禁止可生物降解垃圾直接填埋，该国迫切需要先进的资源化利用方法。在近年来科技部国家重点研发计划——"政府间国际科技创新合作"重点专项中，中国与中东欧国家的合作也几乎都涉及资源和环境领域。

二、发展历程

西安交通大学能源与动力工程学院王学斌教授团队，自从 2015 年以来与克罗地亚萨格勒布大学、波兰克拉科夫 AGH 科技大学、塞尔维亚贝尔格莱德大学、斯洛文尼亚马里博尔大学和马耳他创新与研究基金会 5 个中东欧国家的大学和研究机构在多源有机固废资源化综合利用方面与多个中东欧国家在多边教育交流和科研合作方面开展了卓有成效的工作。

（一）与克罗地亚萨格勒布大学合作

自 2016 年以来，合作方主要负责人 Neven Duic 教授团队与本项目团队开展互访超过 30 人次。项目团队申请合作了欧盟伊拉斯谟＋计划。在项目支持下，团队教师和学生共计 5 人次受邀访问克罗地亚，克方教师和学生共计 13 人次访问中方并在中方实验室开展实验研究。西安交通大学团队有研究生 10 余人次参与了外方的研究生课程。2016—2019 年做到了每年都有教师和学生互访。克方学生利用西安交通大学能动学院的固废研究基地提供的硬件平台开展实验。"授人以鱼，不如授人以渔"，数年后克方也参考中方建立了类似的实验室和硬件设施。双方合作发表 SCI 论文超过30 篇，合作论文的总影响因子大于 150。双方项目团队已获批 4 项有关固废资源化利用和节能降碳方面的科技部中国—克罗地亚例会交流项目（总经费 40 万元）；2022年底，双方联合国内 10 家单位获批科技部重点研发计划"战略性科技创新合作专项"—"工业领域燃烧中碳捕集共性关键技术与工业示范"（总经费 2 700 万元）。双方的合作显著扩大了我方在"一带一路"沿线中东欧国家在固废资源化利用和节能减碳领域的影响力。

2018 年 1—2 月，西安交通大学王学斌教授和曾敏教授
在萨格勒布大学进行学术交流和授课

2018 年 2 月，西安交通大学王学斌教授和曾敏教授访问
位于克罗地亚老工业基地最大的固废直燃发电厂

2019 年，在"博士后国际交流计划引进项目"支持下，西安交通大学能动学院引进萨格勒布大学的 Mikulcic Hrvoje 博士来西安交通大学全职工作。全职工作期间，Mikulcic Hrvoje 博士获批中国博士后基金项目，以西安交通大学为第一单位发表 SCI 期刊论文 10 余篇，总影响因子大于 60，在此期间 Mikulcic Hrvoje 博士受邀担任环境和固废领域顶级期刊 *Journal of Cleaner Production* 的副主编（影响因子 11.072）。

2016 年 4—7 月，萨格勒布大学 Neven 教授和 Hrvoje 博士第一次来访

2016 年 10 月，萨格勒布大学 Tibor 博士来校开展实验研究

2017 年 8 月，萨格勒布大学 Neven 教授和 Hrvoje 博士来访交流

2018 年 4 月，萨格勒布大学 Neven 教授和 Hrvoje 博士来访交流

2019 年 2 月，萨格勒布大学 Jakov 副教授来访交流

基于团队的友好合作，西安交通大学与萨格勒布大学校际合作关系不断深入，两校已签署了合作协议，建立了深层次、全方位的合作关系，包括学者互访、科学研究、数据与技术共享、学生培养等。

萨格勒布大学也是由西安交通大学发起的丝绸之路大学联盟能源子联盟的常务理事会高校，并积极参加联盟的各类学术交流及学生活动。

（二）与波兰克拉科夫 AGH 科技大学的合作

项目团队成员之一的克拉科夫 AGH 科技大学的 Aneta Magdziarz 教授团队与中方在 2020 年获批科技部的"中国—波兰政府间科技合作委员会第 38 届例会人员交流项目" 1 项，合作开展固废利用过程中的污染物排放问题研究；在 2021 年获批教育部的"中国—中东欧国家高校联合教育项目" 1 项，合作开展"基于碳减排的垃圾衍生燃料（RDF）热化学转化研究"。截至 2022 年底，双方合作发表 SCI 论文 9 篇。

2018 年 8 月，西安交通大学王学斌教授和谭厚章教授与克拉科夫 AGH 科技大学的 Aneta 教授在爱尔兰参加第 38 届国际燃烧大会时聚会

2019 年 6 月，克拉科夫 AGH 科技大学的研究生来访交流

在前期项目合作和研究成果的基础上，双方于 2022 年底共同申报了科技部重点研发计划国际合作项目，继续开展有关固废资源化领域的先进技术研究。

（三）与塞尔维亚贝尔格莱德大学合作

项目团队与中东欧团队之一的贝尔格莱德大学的 Dragoslava Stojiljkovic 教授团队合作开展有机固废治理的新技术，已联合申请 1 项科技部国家重点研发项目等国际合作项目（与天津大学合作申报），获批 1 项科技部"中国—塞尔维亚科技合作委员会第 5 届例会人员交流项目"。截至 2022 年底，双方已经合作在固废资源化利用和节能降碳领域发表 SCI 论文 3 篇。

西安交通大学与贝尔格莱德大学全面合作不断深入。贝尔格莱德大学加入作为第一批加入"中国—中东欧国家高校联合会工学学科建设共同体"成员，并于 2022 年 5 月与西安交通大学合联合承办了"塞尔维亚主题月活动暨中国—塞尔维亚高等教育合作研讨会"。

（四）与斯洛文尼亚马里博尔大学合作

项目团队与中东欧团队之一的马里博尔大学的 Milan Vujanović 教授团队已获批 1 项科技部"中国—斯洛文尼亚例会交流项目"，并开展有机固废协同处置过程中污染物形成和控制机理的研究。截至 2022 年底，双方已经合作在固废资源化利用和节能降碳领域发表 SCI 论文 5 篇。

（五）与马耳他创新与研究基金会的合作

项目团队与中东欧团队之一的创新与研究基金会的 Brian Azzopardi 博士团队已申请 1 项科技部国家重点研发项目，合作开展有关海岛固废和新能源耦合利用的技术研究。

三、成果总结

在"一带一路"与"中国—中东欧国家合作"框架下，相关团队与中东欧多个国家高校及研究机构在"多源有机固废资源化综合利用技术"领域的务实合作目前仍在不断深入持续开展，解决了中国和中东欧有关国家"有机固废处理"的重大难题，推动了相关地区"节能减碳"的发展，加强了相关人员之间的交流，推动了与相关高校全面合作的开展，促进了丝绸之路大学联盟能源子联盟以及中国—中东欧国家高校联合会工学学科建设共同体的建设，并助力中国和中东欧国家在具体领域合作，强化了我国科技创新与引领在沿线国家的辐射作用与"一带一路"教育行动的深入实施，为我国的"双碳"战略在"一带一路"发声。

四、未来展望

中国和"一带一路"沿线中东欧国家在多元有机固废处置方面，具有极其广阔的合作前景。继往开来，西安交通大学将继续基于科技部和欧盟支持的相关国际合作项目，加强与包括塞尔维亚、克罗地亚、波兰、斯洛文尼亚、匈牙利和斯洛伐克等"一带一路"沿线中东欧国家高校、研究所和企业的合作交流，分享在有机固废处理方面的创新技术和经验，拓展有机固废处理产业链，共同研发新型处理技术和处理设备，来应对有机固废处理这一全球性挑战，为全球的生态环保治理做出更大的贡献。

撰稿：西安交通大学 王学斌

【西安交通大学简介】

西安交通大学（Xi'an Jiaotong University）是我国最早兴办、享誉海内外的著名高等学府，是教育部直属重点大学，首批进入国家"211 工程"和"985 工程"建设高校；

2017 年入选国家一流大学建设名单 A 类建设高校，8 个学科入选一流建设学科；2022 年入选国家第二轮"双一流"建设高校，8 个学科入选"双一流"建设学科。据 ESI 公布的数据，截至 2023 年 5 月，学校 17 个学科进入世界学术机构前 1%，5 个学科进入前 1‰，工程学进入前 1‰。学校是涵盖理、工、医、经济、管理、文、法、哲、艺术等 11 个学科门类的综合性研究型大学，设有 32 个学院（部、中心）、9 个本科书院和 3 所直属附属医院；现有在编教工 6 000 余名，其中专任教师 3 000 余名；现有本科生 20 000 余名，研究生 20 000 余名，留学生 3 000 余名；本科招生专业 36 个、博士学位授权一级学科 36 个、硕士学位授权一级学科 43 个，博士后流动站 30 个，国家重点实验室 8 个、国家国际科技合作基地 5 个、省部级及以上重点科研基地 195 个。学校与世界一流大学开展深度合作，创办西交利物浦大学、西安交通大学米兰理工联合设计与创新学院等一批中外合作办学机构与项目；首倡发起丝绸之路大学联盟，已经吸引 37 个国家和地区的 160 余所大学加盟并开展多元合作。

【合作单位简介】

1. 萨格勒布大学

萨格勒布大学（University of Zagreb）建于 1669 年，是东南欧历史最悠久、规模最大的大学之一。作为一所综合性的公立中东欧大学，萨格勒布大学提供艺术、生物医学、生物技术、工程学、人文科学、自然科学和社会科学各领域的教育与研究类课程。萨格勒布大学下设 29 个学院、3 个艺术学院和克罗地亚大学研究中心，有超过 7 900 名教师和 70 000 余名学生。萨格勒布大学人文和社会科学学院是克罗地亚最大的人文科学高等教育机构，提供 92 个大学专业项目，其中本科项目 44 个，研究生项目 47 个，本硕连读项目 1 个；本科项目包含 10 个不同专业和 34 个双学位项目，研究生项目包含 12 个不同专业和 35 个双学位项目。

萨格勒布大学在教学和科研方面成果丰硕，对克罗地亚的年度研究成果和克罗地亚所有大学的科学生产力的贡献率超过 50%。萨格勒布大学未来发展的核心战略是成为一所高质量的教学与研究型机构。因此，该校发展的重点将放在硕士和博士课程上，特别是包括所有科学和艺术领域的跨学科以及转化研究，发展创新文化和知识转移，从而在地方和区域层面实现更好的部门间协调。

2. 克拉科夫 AGH 科技大学

克拉科夫 AGH 科技大学（AGH University of Kradow）位于波兰克拉科夫市，是波兰重点建设的 10 所研究型大学之一。学校下设 16 个学院，包括土木工程与资源管理学院、金属工程与工业计算机科学学院、机械工程与机器人学学院、材料科学与陶瓷学学院、铸造工程学院、能源与燃料学院、物理与应用计算机科学学院等，开设了 22 个全英文授课专业。目前在校生总数为 20 000 人左右，其中硕士和博士研究生约 3 000 人；聘有学术型教职工 1 000 余人，其中教授 200 余人；拥有各类实验室 800 个，每年承担各类科研项目约 1 000 项。

克拉科夫 AGH 科技大学是波兰极具影响力的现代国立大学之一,与欧洲及世界各地高校广泛合作;学校也是一所以精确科学著称的科技大学,在积极贡献知识型社会建设的同时尤为注重科技创新发展。

3. 贝尔格莱德大学

贝尔格莱德大学(University of Belgrade)是塞尔维亚最古老和最重要的公立高等教育院校之一。它是塞尔维亚的国立大学,也是塞尔维亚最著名的大学以及巴尔干半岛地区最大的大学之一。1863 年,学校成立于贝尔格莱德,1905 年成为一所现代化的大学,它在塞尔维亚整体排名第一。贝尔格莱德大学实力较强的专业有法学、经济学、语言学、医学、建筑、机械、电气等。

贝尔格莱德大学下辖 31 个学院和 12 个研究所,各学院之间经济独立、管理独立,学院分布在首都各区,分为社会科学和人文科学(10 个学院)、医学科学(4 个学院)、科学和数学(6 个学院)以及技术和工程科学(11 个学院),学校总部大楼位于贝尔格莱德市中心。两个世纪以来,贝尔格莱德大学一直秉承服务于人的教学理念,在科学、文化、社会发展等方面均做出了突出的贡献,是塞尔维亚公认的民族品牌大学。贝尔格莱德大学也是中国—中东欧国家高校联合会会员校之一。

4. 马里博尔大学

马里博尔大学(University of Maribor)始建于 1859 年,是斯洛文尼亚一流的公立研究型综合大学,以严谨治学和学术自由在中欧和南欧地区声誉卓著。总校坐落于"欧洲文化之都"——马里博尔市中心。马里博尔大学积极参与国际组织、网络和项目,旨在促进大学与企业、政府和非政府组织以及其他机构的合作;同时,该校也是各类国际协会的成员,如欧洲大学协会(EUA)、欧洲学术和体育服务网络(ENAS)和欧洲文化之都大学网络(UNEECC)等。马里博尔大学鼓励学生和学者参与国际交流。自1999 年以来,该校积极参与伊拉斯谟+计划,交换学生数量逐年递增。

5. 马耳他创新与研究基金会

马耳他创新与研究基金会(The Foundation for Innovation and Research-Malta)是一个独立、自愿、非营利性和公益性质的基金会。该基金会是一个研究和知识传播机构,也是一个研究和技术机构。它坚定地致力于促进整个地中海地区创新和研究的进步,突出马耳他作为欧盟和该地区之间知识中心的作用,以支持马耳他经济向创新主导经济的持续发展。该基金会是马耳他创新创业者以及研究人员的大本营,他们积极投身于研究,并致力于推动他们在研究领域的成功。

那些年盛开的中塞友谊之花

——西安电子科技大学与塞尔维亚贝尔格莱德大学的科研合作

引言

　　塞尔维亚是中国的重要战略伙伴之一，与中国有着钢铁般的友谊。过去几十年来，中国和塞尔维亚在各领域间的亲密合作已经为推动两国国民经济发展、提升国际战略地位做出了重要贡献。特别是自"一带一路"倡议提出以来，中国与塞尔维亚人民积极分享成果和经验，互相助力培养科技人才，树立了互利共赢的典范。

　　贝尔格莱德大学是塞尔维亚最著名的国立大学之一，也是巴尔干半岛地区最大的大学之一。贝尔格莱德大学力学工程学院的 Natasa Trisovic 教授团队在工程结构可靠性、绿色环境工程等领域科研实力居世界领先地位，特别在污泥污水的设备研发方面成绩显著，已经研发出多项电化学污泥处理设备，并成功在多领域投放使用。西安电子科技大学（以下简称西电）李伟教授主攻污泥污水处理过程中电极材料的制作与创新以及实验数据的统计分析、建模优化。自与 Natasa Trisovic 教授团队合作以来，双方团队解决了很多科研上的难题，科研能力均取得了实质性的进步。双方在良好的科研合作基础上又进一步展开了教育教学经验交流、海外课程引进、研究生联合培养等内容。

　　事实证明，这些国际交流合作不仅有效增强了个别教师的科研能力，也让更多的学生有机会接触到国际化教学模式。对合作双方所在高校而言，国际合作方式更是推动各自国际化进程的重要方式和手段，不仅可以提升高校的整体科研水平和学术力量，也可以吸收和引进对方先进教育教学理念和经验，培养更多的具有国际先进思想理念的人才，具有划时代的意义。

一、合作背景

　　我国市政污水厂每年剩余污泥产量巨大，内含大量有毒有害成分以及可再生有机物，现已出现污泥围城之势，形成污泥无地可埋之忧，亟须有效的技术手段对其进行处理——提取有机磷、消除有害物，保护环境和生态系统，促进城市绿色发展。

　　西电数学与统计学院李伟教授团队，近几年致力于拓展环境保护、绿色发展方面的相关研究，在新兴的电化学技术、污泥机理与建模优化方面具有较好的实践水平和理论水平，在理论上擅长对实验数据进行统计分析、建模优化与验证；研究主要集中在对污泥的前期处理与理论研究，但在技术的推广、污泥处理设备的研发与制造以及工艺的稳定性控制等方面缺少经验。Natasa Trisovic 教授是贝尔格莱德大学工程力学系的知名教授，在结构工程力学、绿色环境工程领域久负盛名。Natasa Trisovic 教授团队擅长利用不同金属材质制作具有特定功能的电化学装置，可实现污染物电化学氧化、电化学絮凝等功能，其研发的设备已在多领域成功投放市场使用；然而其团队对污泥处理的前期分析涉及较少，对营养物质的回收技术也比较欠缺。双方基于各自的科研短板与需求确定了国际合作关系，希望通过合作解决各自团队的瓶颈问题，弥补不足，取长补短，共同发展，实现共赢。

二、发展历程

基于 Natasa Trisovic 教授团队中另一位成员 Tomislov Trisovic 教授的科研基础，双方确定了新的合作课题和方向——绿色环境工程，并致力于研究污泥的处理及资源回收这一课题。为了加强中方的研究实力，西安理工大学处理污泥方面的专家郑兴教授一同加入课题研究。在大家的共同努力下，"基于电化学反应技术的污泥处理、资源回收和设备研发"项目获批中国教育国际交流协会"中国—中东欧国家高校联合教育项目"优先资助项目。其中，西电负责数据的处理、参数优化以及系统建模等方面的理论工作，西安理工大学负责污泥处理的实验操作，贝尔格莱德大学负责后期设备的研发。为了有效开展合作、推动项目执行，在此期间，各方开展了 17 场学术报告，对项目的实施步骤、内容修改、执行进展、未来工作的部署进行了深入的交流与探讨。目前，郑兴教授团队正在紧锣密鼓地进行污泥处理过程中电化学电极材料的制作，他们采用神经网络算法，改进了阳极材料的改性过程与相关性判断过程。之后的工作，塞方将根据前期实验结果研发适应于中国市场的污泥处理设备。这次合作为双方之间架起桥梁，不仅扩展了各自的研究领域，也在合作过程中领略了对方团队的科研优势，见识了对方的科研强项。

2022 年，在中国—中东欧国家高校联合教育项目的支持下，李伟教授与 Natasa Trisovic 教授以及马里博尔大学 Nenad Gubeljak 教授共同举办了随机动力学与统计应用国际学术论坛（International Symposium on Stochastic Dynamics and Statistical Application，SDSA 2022），就随机动力学、工程力学与统计学、统计学应用等领域中的前沿思想和最新发展动态展开了深入交流。来自塞尔维亚、斯洛文尼亚、波黑、美国、日本及中国相关领域共计 61 名高水平学者参会，并作学术报告 24 场。项目双方的团队成员代表均参加了本次会议，并以报告的形式汇报了各自项目的进展情况、取得的成果、存在的问题以及下一步合作的内容，推动了国际合作项目的完成。会议结束后，项目团队成员进一步开展了线上座谈讨论 10 余次，就未来的合作方向、课题内容以及联合培养研究生等事宜进行了讨论。

2022 年 5 月，合作双方举办随机动力学与统计应用国际学术会议

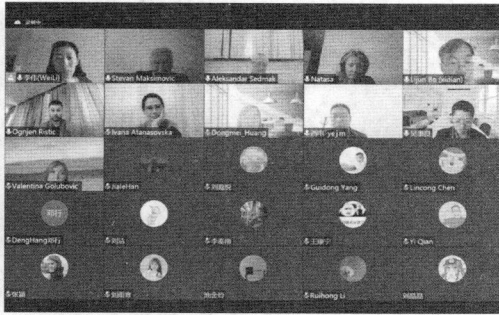

2021 年 10 月，西电数学与统计学院院长马如云教授与贝尔格莱德
大学力学工程学院 Natasa Trisovic 教授签订的合作协议

三、成果总结

（一）初期合作的建立成果

李伟教授与 Natasa Trisovic 教授团队的首次合作是共同主持了 2013—2015 年中国—塞尔维亚政府间科技合作项目"非线性随机动力学——统计解与蒙特卡洛模拟"。李伟教授团队负责对工程结构中的黏弹性材料可靠性进行统计分析，Natasa Trisovic 教授团队负责实验数据收集以及检验。这次的合作收获颇丰，在项目资助下实现了双方到对方所在高校的互访、面对面的交流，2014 年共同举办了国际会议"1st International Symposium on Machines，Mechanics and Mechatronics-Current Trends"，邀请来自英

国、希腊、意大利等多个国家的高水平学者，完成了 6 篇合作论文，与工程力学学院院长交流了学科建设、课程设置等方面的经验、宣传了西电海外人才计划项目与政策等。这次合作双方都非常满意，播下了中塞多方位合作友谊之花的种子，不仅奠定了双方之间的合作基础，推动了科研合作，也搭建了人才培养的桥梁。

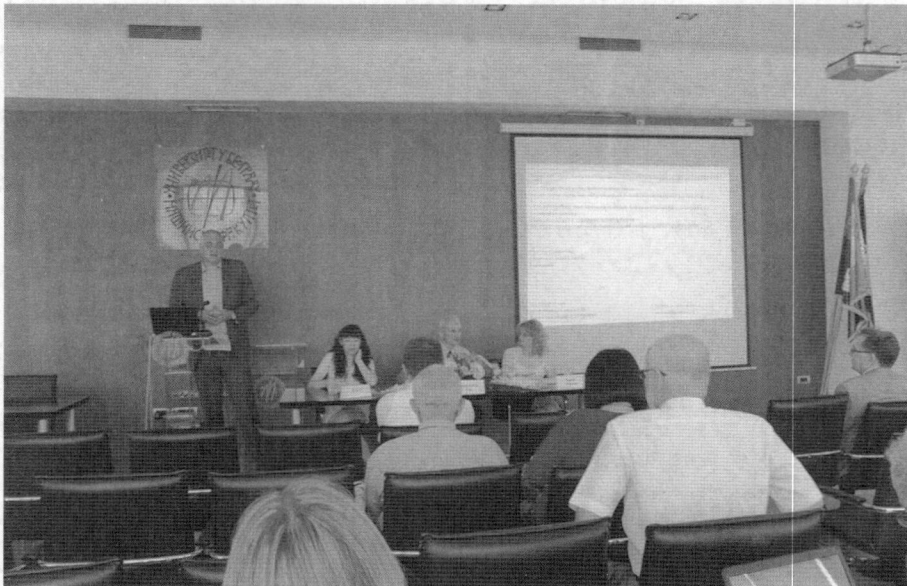

2014 年 7 月，李伟教授和 Natasa Trisovic 教授作为会议主席听取学者报告

（二）学术课题的扩展

前期的合作为建立长期稳定合作奠定了基础与信任。之后，双方进一步扩大了课题合作领域与团队成员，在已有的统计应用、可靠性分析、数理金融课题基础上，开拓了统计在生物学方面的应用、绿色持续发展技术的开发、机械能量俘获等新的研究领域。塞方在成员上增加了塞尔维亚科技发展部前副部长 Aleksandar Sedmak 教授、贝尔格莱德大学经济学院统计学专家 Vesna Rajic 教授、贝尔格莱德大学诺维萨德分校统计学家 Snezana Kirin 副教授、环境工程领域专家 Tomislov Trisovic 教授；中方增加了微分动力学专家吴事良教授、随机动力学青年骨干黄冬梅副教授、李瑞红副教授、杨贵东老师。在大家的齐心努力下，双方以团队的形式先后申请并获批 2015—2017 年中国—塞尔维亚政府间科技合作项目"一类工程结构系统在随机力作用下的破损概率估计"，共同举办了第二次国际学术会议"Stochastic Vibrations and Fatigue：Theory and Applications"，塞方团队来西电访问，为师生做学术报告三场，共同发表多篇学术论文。经过多次的合作，这颗中塞友谊的种子已经生根发芽、开枝散叶，呈现繁荣的景象。

2017 年 7 月，中塞团队成员与相关教师合影

（三）团队合作的深化

2019 年，在西电"一带一路"高端外国专家引进项目"动力系统可靠性的理论估计与实验设计研究"资助下，双方之间的合作硕果累累。首先，塞方团队成员来西电访问，面对面地交流项目进展、成果以及未来的计划。通过这种形式，成员之间更加清楚了每个人的研究内容、研究方法和特长，对课题的细节讨论也更加深入和深刻。在访问期间，双方共同撰写了 2020 年中塞科技合作委员会例会交流项目的申请书；拟定了中塞国际合作重点项目的申报内容。另外，塞方成员走入西电课堂，为本科生介绍了塞尔维亚国家、贝尔格莱德大学以及力学工程学院，包括办学特色、联合培养意向等，推动了西电与贝尔格莱德大学的多方面合作。两年的时间里，李伟教授为西电引入了本科生全英文海外课程三门、研究生海外优质课程一门，确定了研究生联合培养关系，发表学术论文 5 篇。双方一致认为，多年的合作经历，不仅让参与的教师受益匪浅，也让各自所在高校提高了国际知名度，这朵中塞友谊之花已经全面盛开，绽放出绚烂的光芒！

2022 年，双方共同主办的国际学术会议"随机动力学与统计应用国际学术论坛（International Symposium on Stochastic Dynamics and Statistical Application，SDSA 2022）"，促进了中国与塞尔维亚国家学者之间的友谊、进一步加深了西电与塞尔维亚、斯洛文尼亚等国家高校的交流合作，也推动了中国与"一带一路"沿线国家友好关系的进一步发展。参加这次会议的来自波黑的 Valentina G. Bugarski 教授和来自斯洛文尼亚的 Nenad Gubeljak 教授，他们都是动力学领域和绿色环境工程领域知名的学者，也是

2019 年 9 月，中塞双方团队成员讨论项目内容

未来可能进行合作的伙伴。相信在"一带一路"高校联合教育平台的大力支持下，高校之间在开展科研合作、学术交流、人员互访、研究生联合培养等方面会有无限的可能，促进西电与"一带一路"沿线国家高校形成长期稳定的国际合作。

四、未来展望

未来 3～5 年，西电与贝尔格莱德大学将继续在科研方面加强合作，并确定了新的研究方向：举办有关肿瘤动力学及其统计分析方面的国际学术会议，联合培养 2～3 名研究生，并选派优秀研究生到对方大学进行短期或中长期的访问，促进西电的国际化教育进程，继续引进研究生海外优质课程。

撰稿：西安电子科技大学 李伟

【西安电子科技大学简介】

西安电子科技大学（Xidian University）是以电子与信息学科为特色，工、理、管理、文、经济等多学科协调发展的全国重点大学，直属教育部。学校聚力电子与信息领域，着力打造"根基牢、实力强、后劲足、特色鲜明"的一流学科体系，设二级教学科研机构 26 个，建有 2 个国家"双一流"建设学科（信息与通信工程、计算机科学与技术）、2 个国家一级重点学科、7 个国家二级重点学科、35 个省部级重点学科、15 个博士学位授权一级学科、27 个硕士学位授权一级学科、15 个博士后科研流动站、66 个本科专业。在全国第四轮一级学科评估中，3 个学科获评 A 类，其中电子科学与技术为 A＋、信息与通信工程为 A、计算机科学与技术为 A－，信息类学科实力国内领先。

【合作单位简介】

贝尔格莱德大学（University of Belgrade）是塞尔维亚最古老和最重要的公立高等教育院校之一。它是塞尔维亚的国立大学，也是塞尔维亚最著名的大学以及巴尔干半岛地区最大的大学之一。1863 年，学校成立于贝尔格莱德，1905 年成为一所现代化的大学，它在塞尔维亚整体排名第一。贝尔格莱德大学实力较强的专业有法学、经济学、语言学、医学、建筑、机械、电气等。

贝尔格莱德大学下辖 31 个学院和 12 个研究所，各学院之间经济独立、管理独立，学院分布在首都各区，分为社会科学和人文科学（10 个学院）、医学科学（4 个学院）、科学和数学（6 个学院）以及技术和工程科学（11 个学院），学校总部大楼位于贝尔格莱德市中心。两个世纪以来，贝尔格莱德大学一直秉承服务于人的教学理念，在科学、文化、社会发展等方面均做出了突出的贡献，是塞尔维亚公认的民族品牌大学。贝尔格莱德大学也是中国—中东欧国家高校联合会会员校之一。

平台搭建

　　合作平台是引领高质量对外开放的"领唱者"。中国—中东欧国家合作启动伊始，双方就在合作的机制推动下全面搭建各领域合作平台。在中国—中东欧国家教育政策对话的框架下，中国—中东欧国家高校联合会等教育合作平台从初期"夯基筑台"迈向"铺路架桥"阶段。

　　中国—中东欧国家高校联合会本着"相互尊重、平等互利、合作共赢"的原则，充分发挥11个学科或院校建设共同体引领作用，汇聚、共享优质资源，积极在合作办学、学生流动、人才培养和科研合作等方面挖掘合作深度，旨在促成更务实的成果转化。

　　本篇选取双方高校在联合虚拟实验室、高水平竞赛、合作办学、专业学科联盟等依托平台合作的优秀案例，展示高校在提升交流合作层次、引领院校学科改革、提高国际化办学水平方面的生动实践。

以智慧教育促民心相通

—— 北京师范大学中国—中东欧未来教育联合虚拟实验室

引言

中国与中东欧国家建立合作机制十年来，教育合作一直是重点和亮点，也是最受民众欢迎的双边合作领域之一，在双方的务实合作和人文交流中发挥着独特的作用。

北京师范大学（以下简称北师大）依托中国—中东欧国家高校联合会平台，发挥自身优势，积极推动中国与中东欧国家教育学科的学术交流合作，推进优质教育资源共享，开展多个品牌项目合作，促进国际联合研究与联合发表，提升各国教育研究、教育实践的国际化水平，为推动构建人类命运共同体做出了积极的贡献。

北师大中国—中东欧未来教育联合虚拟实验室成立于2018年，该实验室通过多边互访、举办研讨会、师生研修、联合发表等方式，积极探索智慧教育的发展路径。当下，紧急远程教学和混合式教学已成为世界各地学校教育的新现实，教育技术在应对教育危机中发挥着越来越重要的作用。实验室与中东欧合作伙伴克服困难，创新合作模式，拓展交流领域，取得了一系列跨国合作成果，不仅为我国教育数字化转型提供了参考，也为中国—中东欧在教育数字化转型方面的合作提供了有益的借鉴，为智慧教育领域的国际交流与合作做出了贡献。

一、合作背景

当前，信息和通信技术（ICT）在知识型社会建设和全球ICT能力建设中发挥着越来越重要的作用。2012年，中国和中东欧国家建立了"16＋1"合作机制，并于2017年发布了《中国—中东欧国家合作布达佩斯纲要》。为了顺应全球信息技术发展趋势和国家政策导向，以校企合作促进知识产出和成果转化，2018年5月29日，北师大、塞尔维亚诺维萨德大学与中国网龙网络控股有限公司在中国—中东欧国家高校联合会第五次会议上签署合作备忘录，合作建立"未来教育联合虚拟实验室"，致力于通过"教育信息化合作伙伴项目"促进中国与中东欧国家在教育信息化领域的合作，实现互惠共赢。北师大智慧学习研究院是该实验室的依托单位。

未来教育联合虚拟实验室致力于促进中国与中东欧国家在科研、创新及技术等领域内的多边合作，以中国和塞尔维亚的合作为起点，逐步扩展到其他中东欧国家。其使命包括但不限于：

（一）教师培训

为处于教育系统核心的教师提供专业和持续的培训，让他们使用信息和通信技术来改善教学实践。

（二）教育资源

促进资源的获取，鼓励信息和知识的共享，创建包容性的知识社会。

（三）基于 ICT 的创新教学模型

探索和开发基于信息和通信技术的创新教学模式，以便在不同环境下的学校实施。

（四）ICT 基础设施建设

推动信息和通信技术基础设施的发展，以提高教育质量和增加教育的公平性。

（五）政策分析和政策规划

鼓励政策分析和规划，促使下一代为知识社会的需求做好准备。

二、发展历程

（一）互访交流，研修提升

通过交流互访、研修培训深化中国和中东欧乃至"一带一路"沿线国家师生交流，促进文化理解，建立信任，为多边合作奠定坚实基础。

2016 年 12 月，诺维萨德大学合作事务代表首次访问北师大智慧学习研究院，双方就促成校级合作协议（MoU）签订、开展暑期学校教育交流项目等达成合作意向。

2018 年 10 月，贝尔格莱德大学教师教育学院代表团访问北师大教育学部，双方签署院级合作协议。

2018 年 12 月及 2019 年 7 月，北师大智慧学习研究院开展"北师大'一带一路'冬季/夏季研修项目"，以北师大优势特色课程为核心，通过实地调研、经验分享会等多种学习交流方式，吸引了来自 20 余个国家的 40 余名学员参与研修。

（二）学术研讨，思想碰撞

以"智慧教育""智慧学习""未来教育"等为主题，开展线上线下等多种形式的学术研讨会，以国际视角开拓科研思路。

2017 年 5 月，北师大智慧学习研究院联合中国高等教育学会主办"智慧学习与开放教育资源国际高端论坛"。论坛聚焦智慧学习环境与开放教育资源建设，会聚来自中国、波兰、塞尔维亚等多国专家学者，探讨信息技术为教育带来的革命性影响。

2018 年 11 月，北师大智慧学习研究院举办"智慧教育"系列网络研讨会，来自中国、塞尔维亚等 12 个国家的专家围绕"互联网＋教育"的教学资源、教学模式、学习思维、学习分析、教学史及发展前景等展开探讨。

2020 年 12 月，举办"后疫情时代中国—中东欧国家未来教育"国际研讨会。各国教育领域的专家共同探讨当前各国教育信息化现状，分享教育信息化实践经验，展望教育信息化发展新方向。

2021 年 12 月，举办中国与中东欧国家智慧教育论坛。此次国际论坛是在中国—中东欧国家高校联合会框架下开展的教育学学科共同体系列活动之一，与会专家分享了各自国家智慧教育发展现状与成果，探讨了未来继续合作的建设计划。

2022 年 8 月，全球智慧教育大会"数字素养与智慧学习论坛"成功举办。本论坛也是由北师大牵头建设的"中国—中东欧国家高校联合会教育学学科共同体"系列行动之一。

（三）合作倡议，共谋发展

坚持以行动为导向，通过签署协议、发布倡议、联合共建等行动夯实合作，推动可持续发展。

2018 年 5 月，塞尔维亚诺维萨德大学、北师大及网龙网络控股有限公司三方负责人在中国—中东欧国家高校联合会第五次会议上签署协议，共同建立"未来教育联合虚拟实验室"，展开全方位的校企合作。

2021 年 12 月，中国—中东欧国家高校联合会第七次会议正式启动中国—中东欧国家高校联合会学科共同体建设工作。北京师范大学被授予"中国—中东欧国家高校联合会教育学学科共同体"中方牵头单位，教育学部在教育学学科共同体建设的框架下开展工作。

2022 年 8 月，在全球智慧教育大会"数字素养与智慧学习"论坛上，北师大教育学部领导就"中国—中东欧国家高校联合会教育学学科共同体"建设向全体与会者发起倡议，并介绍了共同体建设的设想与行动方案。

（四）成果发布，结集出版

总结科研及交流经验，物化产出，共同形成学术著作。

2019 年 10 月，北师大智慧学习研究院科研团队的最新学术成果《面向智能时代的创新能力框架》在"第四届中国—中东欧国家创新合作大会"上发布。

2020 年，汇集了中国及中东欧 17 国 31 位专家的一手资料，以中国和中东欧国家的教育信息化概况及案例为主体的《中国—中东欧国家教育信息化比较》在施普林格（Springer）出版社出版。

2018 年 5 月，北京师范大学、诺维萨德大学、网龙网络控股有限公司
三方共同建立"未来教育联合虚拟实验室"

2022 年 8 月，2022 全球智慧教育大会"数字素养与智慧学习"论坛
部分参会代表网络合影

三、成果总结

北师大未来教育联合虚拟实验室能够结合自身优势，发挥特长，整合资源。成立四年多来，在中国—中东欧智慧教育领域的学术研究、校企联动、师生研修等各个方面形成了丰富的成果。

（一）形成系列研究报告

以中国、中东欧国家以及"一带一路"沿线国家的教育发展概况、教育资源、信息化发展概况、智慧教育情况等为基础开展广泛调研，建立研究数据库，联合相关企业、各国教育专家形成一系列教育发展研究报告。

1. "一带一路"国家教育发展研究数据库

该数据库由课题组与企业合作搭建，为"一带一路"国家教育发展现状研究提供直观、便捷的数据查询和分析。

2.《"一带一路"国家教育发展研究》

该著作涵盖各级各类教育以及跨领域的七大议题：幼儿保育与教育、普及初等教育、中等及中等后教育、青年与成人扫盲、教师队伍建设、性别平等和教育信息化。

3.《"一带一路"国家教育信息化发展报告》

该报告对"一带一路"沿线国家教育信息化发展状况进行了梳理和分析，为"一带一路"国家教育信息化发展提供有力支撑。

4.《"一带一路"国家教育发展报告》

该报告旨在了解"一带一路"国家教育发展的基本情况，形成多元化教育合作机制，是构建"一带一路"教育共同体的重要前提。

5.《国际开放教育资源发展研究报告》

课题组对开放教育资源的兴起、发展及现状等进行了大量调研，并通过计量分析法对开放教育资源研究进行分析，充分了解研究趋势、研究热点等信息；通过个案展示及分析，试图为"一带一路"倡议下的开放教育资源建设提供建议及启示。

6.《中国—中东欧国家教育信息化比较》

报告涵盖中国与中东欧各国的国家概况、国家教育概况、国家教育信息化发展概况、ICT相关的政策及资金来源四大部分，并基于此，对比分析中国与中东欧国家教育及教育信息化发展现状，为中国与中东欧国家在教育信息化领域的合作提供咨询建议。本书已由施普林格出版社出版。

7.《中国—中东欧国家智慧教育研究》

该报告对中国和中东欧部分国家的智慧教育的现状进行描述和分析，并提出推进智慧教育的建议，促进了后疫情时代的智慧教育国际对话。本书由施普林格出版社出版。

2022 年 6 月，未来教育联合虚拟实验室主要学术成果展示

（二）谱写中塞智慧教育合作新篇章

以校企携手为抓手，建立合作新机制，谱写中塞智慧教育合作新篇章。北师大智慧学习研究院（以下简称研究院）与研究院的发起单位之一——网龙网络控股有限公司（以下简称网龙）携手，发挥各自优势，共同为塞尔维亚教育发展增添动能。

2019 年，网龙董事长、研究院联席院长刘德建被正式聘任为塞尔维亚创新和技术发展部长顾问。

2019 年，在"第四届中国—中东欧国家创新合作大会"上，网龙、塞尔维亚教育科技发展部、创新与技术发展部三方就提升全民创新能力等方面签署了谅解备忘录，合作打造"塞尔维亚全民创新平台"，研究院在课程与内容方面提供了相应的支持。

2020 年 1 月，网龙与塞尔维亚教育科技发展部就塞尔维亚智慧教育建设规划签署谅解备忘录，网龙协助塞尔维亚建设智慧学习环境，以实现塞尔维亚教育智能化、信息互通，以及全面、公平的优质教育。研究院结合中国教育信息化成功经验，从宏观设计、政策建议、实施策略等方面提供专业学术支持。

2020 年 6 月，塞尔维亚总统亚历山大·武契奇、时任教育科技发展部部长穆拉登·沙尔切维奇、负责创新和科技的不管部部长奈纳德·波波维奇、中国驻塞大使陈波、贝尔格莱德大学教师教育学院院长丹尼米尔·曼迪奇教授一行参观视察了网龙、北师大与塞尔维亚教育科技发展部、贝尔格莱德大学共建的教育部直属贝尔格莱德机器人和人工智能教育中心。武契奇总统表示："感谢我们中国的朋友，我从中收获良多，不久的将来，国内 4 000 名教师将来到这个中心接受专业培训，这对我国教育数字化来说是重中之重！"

2021 年 6 月，网龙与贝尔格莱德大学教师教育学院、塞尔维亚教育改进研究所签署三方战略合作备忘录，将共同推进塞尔维亚国家教师教育信息化国培计划的开展与落地，培养数字时代的优质教师，加强塞尔维亚基础教育师资建设，从教研和教师培训方面促进塞尔维亚智慧教育发展。北师大智慧学习研究院将提供需求调研、平台搭建、课程设计、讲师资源等全方位的学术支持。

（三）促进各国学生融合交流、互学互鉴

"全球未来教育设计大赛"由北师大牵头，联合国教科文组织教育信息技术研究所（UNESCO IITE）、北京设计学会等机构和国内外高校联合举办。自 2018 年启动以来，大赛为全球 20 多个国家的大学生提供了与世界高校学生同台竞技的机会，并多次举办国际论坛、研修班，让中东欧多个国家的大学生展示自己对未来教育的思考，促进了中国与中东欧国家的教育和文化交流，提升了各国大学生的社会责任感。2019 年，塞尔维亚赛区近千名选手报名，最终 30 名选手入围塞尔维亚赛区决赛，其中诺维萨德大学的 "Pedomation" 队获得金奖；2022 年，塞尔维亚贝尔格莱德大学 "The empowered teachers" 队再次脱颖而出获得金奖，联合国教科文组织教育信息技术研究所以及国内外多个主流媒体对大赛进行了报道。

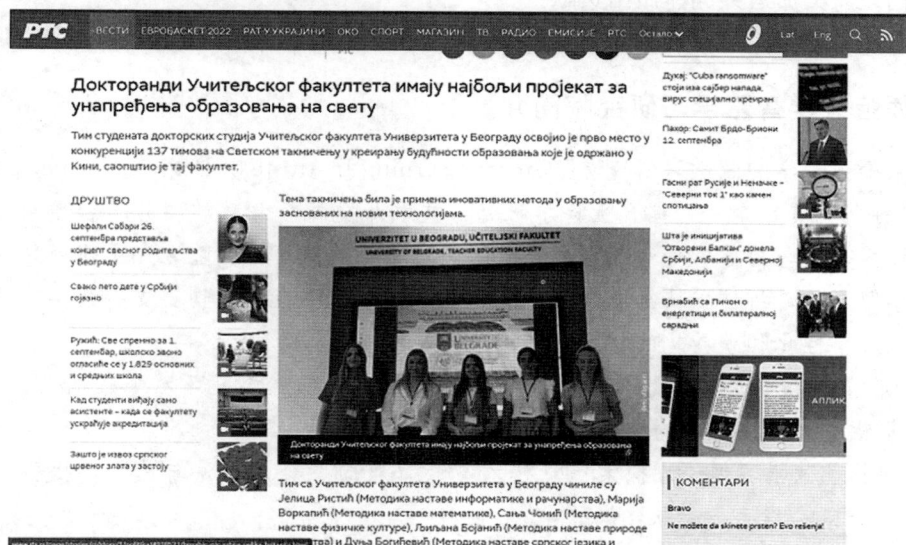

2022 年 8 月，塞尔维亚官方媒体报道学生获得大赛金奖（贝尔格莱德大学）

（四）促进智慧教育中国经验惠及合作国家

以共享教育资源合作培养人才，促进智慧教育中国经验惠及合作国家。为了推动中国与 "一带一路" 国家的创新教育发展，北师大智慧学习研究院于 2018 年和 2019 年组织了两个专题研修班。研修班以北师大的优势特色课程——"互联网＋"时代的设计方法论为核心培训课程，辅以实地调研、经验分享会等多种学习交流方式。来自塞尔维

亚、罗马尼亚、黑山、阿尔巴尼亚、保加利亚、匈牙利、北马其顿等中东欧国家的学员参加了培训课程、参观了中国高新技术企业、与知名高校和职业院校开展了交流活动，增进了中国与中东欧国家高层次人才间的交流，从民间文化交往的层次为国家间的长远交流合作打下了良好基础。

四、未来展望

未来教育联合虚拟实验室将协助北师大教育学部落实"中国—中东欧国家高校联合会教育学学科共同体"建设，以《中国—中东欧国家合作杜布罗夫尼克纲要》为指导，以中国和中东欧国家教育学科发展实际需求为基础，围绕新时期我国教育对外开放重点工作，依托中国—中东欧国家高校联合会平台，遵守互学互鉴、共建共享、合作发展的原则，通过"搭建平台、资源共享、打造品牌、联合产出"系列活动，加强中国与中东欧国家在教育学科领域的学术交流合作，构建成员高校学术合作与交流的常态化机制，推进优质教育资源共享，促进国际联合研究与联合发表，提升各国教育研究、教育实践的国际化水平，共同培养能够面向未来、胜任全球挑战的创新型人才，应对共同挑战，为推动构建人类命运共同体做出贡献！

撰稿：北京师范大学 庄榕霞、张定文

【北京师范大学智慧学习研究院简介】

北京师范大学智慧学习研究院（Smart Learning Institute of Beijing Normal University，简称研究院）是一个综合性科学研究、技术开发和教育教学实验平台，由北京师范大学设立，并与福建省华渔教育科技有限公司联合共建。研究院专注于研究信息化环境下的学习规律，打造支持终身学习的智慧学习环境和平台，以切实支持数字一代学习者多样性、个性化和差异化的学习。

- 研究新型学习环境设计、优化和评测的方法，研发学习环境工程的关键技术，提供可大规模推广的智慧学习解决方案。
- 建构智慧学习理论，探索信息技术与教育双向融合的方法与途径，提供智慧学习研究的国际交流与合作平台。
- 研究学校教育、家庭教育、社区教育、企业学习与公共场所学习的特征和规律，为学习型社会和智慧城市建设提供支持。
- 广泛拓展智慧学习试验区和试验校，探索信息化教学的特征和未来学校的发展形态，助力推动教育变革与创新。

【合作单位简介】

诺维萨德大学（University of Novi Sad）是塞尔维亚第二大公立大学，本部坐落于贝尔格莱德以北的塞尔维亚第二大城市诺维萨德；该校有 60 多年的建校历史，是中欧最大的教育和研究中心之一；有 14 个学院，50 000 多名学生，5 000 多名教职工。作为综合性大学，学校具有科学和高等教育领域的几乎所有学科。诺维萨德大学各院系及"跨学科和多学科研究中心"提供约 400 门获得欧盟认可的学习课程，包括学士、硕士和博士等各层次。研究课程现代化，紧跟最新的科学与研究发展。除了各院系和"跨学科和多学科研究中心"外，两所科学研究院也为学校教育的持续现代化进程创造了坚实的科学基础。诺维萨德大学是中国—中东欧国家高校联合会会员校之一，也是联合会中东欧方第二届秘书处。

以高水平国际竞赛平台拉动人才联合培养实践

——中国矿业大学与波兰克拉科夫 AGH 科技大学合作案例

引言

中国矿业大学与波兰克拉科夫 AGH 科技大学分别是亚洲和欧洲最高水平的矿业类高等学府之一。自 2015 年两校签署全面合作框架协议以来，中波双方在联合教学、科研领域进行广泛合作。为进一步深化双边在人才、科研领域的合作，形成扎实的教学和科研成果，2020 年，中波双方高校抓住第三届中国国际太阳能十项全能竞赛（SDC）的有利契机，围绕碳中和背景下人居环境建设这一中欧双方均广泛关注的主题，共同构建了国际化高水平竞赛平台，并进一步发展出一套跨学科实践和人才培养体系。该体系有效拉动了中国矿业大学"双创人才"建设，培养了一批拥有家国情怀及国际视野的本、硕学生，切实提升了学生的理论基础、创新能力和实践沟通能力。

一、合作背景

"中国矿业大学高水平国际竞赛平台拉动的联合人才培养实践"的构思来源于欧盟伊拉斯谟＋计划。

进入 21 世纪以来，中国矿业大学一批杰出学者以多年的科研合作为基础，开始探索能源、建筑与环境领域跨专业人才培养模式的创新。随着中欧伙伴关系的深入发展，中国矿业大学依托伊拉斯谟＋计划资助，多次派遣"能源、建筑与环境"团队的学者访问克拉科夫 AGH 科技大学，打开了学校在能源、建筑与环境领域国际化发展之门。经磋商，中国矿业大学电气与动力工程学院、建筑与设计学院与波兰克拉科夫科技大学能源与燃料学院选择中国国际太阳能十项全能竞赛（SDC）作为双方在人才培养、科学研究等方面开展实质性合作的高水平合作平台，进一步夯实了双方在教育、科研领域的合作基础。"以高水平国际竞赛平台拉动人才联合培养实践"正是在此背景下应运而生。

二、发展历程

(一) 平台建设及实践活动发展历程

2019 年 3 月,中国矿业大学组织了"基于 SDC 竞赛的跨专业联合毕业设计"。来自中国矿业大学能源、建筑与环境领域的 7 名教师出任联合毕业设计指导教师,波兰克拉科夫 AGH 科技大学能源与燃料学院教授对毕业论文设计进行了远程指导。最终,由来自中国矿业大学多个专业的 11 名学生协同完成的毕业设计作品,获得了当年"江苏省优秀毕业论文(设计)奖"。2019 年下半年,在"基于 SDC 竞赛的跨专业联合毕业设计"成果的基础上,中国矿业大学联合中国矿业大学建筑设计研究院及校友会的力量实体建造了学校第一座零碳太阳能建筑"cumT-House"。

2020 年 1 月,学校继续依托伊拉斯谟＋计划派遣电力学院陈宁教授访问波兰克拉科夫 AGH 科技大学,双方达成了合作组队参加第三届中国国际太阳能十项全能竞赛的共同愿景,并交流了双方在能源、建筑与环境领域最新的研究成果。

2020 年 2 月,中国国际太阳能十项全能竞赛预赛启动。中国矿业大学和克拉科夫 AGH 科技大学分别进行了赛事宣讲和竞赛队员招募,并搭建了"CUMT-AGH 赛队"。随后双方深入开展了竞赛方案的设计。

2020 年 6 月,中国矿业大学在能源、建筑与环境领域跨专业国际化人才培养创新的有关工作中得到了教育部的关注与支持,并拨付专项经费对已具备雏形的"cumT-House"零碳建筑进行深化改造,以将其打造为"能源、建筑与环境跨专业联合实验平台"。

2020 年 10 月,经过方案申请、初步设计、深化设计、中期评估等流程,"CUMT-AGH 赛队"成功晋级决赛,并在强手如林的 15 支决赛国际赛队中斩获了预赛第四名的好成绩。

2021 年 9 月,CUMT-AGH 赛队的中国国际太阳能十项全能竞赛参赛作品"T&A House"在中国国际太阳能十项全能竞赛决赛赛场张家口张北落成。

2021 年 12 月,"能源、建筑与环境跨专业联合实验平台"第一期建设完成,开始承担面向国际化教学的实验、实践活动。该平台在 2022 年为学校多个专业的学生不出校实践、实训提供了有力支撑。

2022 年 8 月,中国国际太阳能十项全能竞赛(SDC)决赛在河北省张家口市举行,CUMT-AGH 赛队成功闯入八强。

(二) 合作平台建设成果

中波双方高校充分利用第三届中国国际太阳能十项全能竞赛的契机,打造形成了"1＋2＋2＋12"的跨学科实践和人才培养体系,即 1 个国际化竞赛平台(CUMT-AGH 竞赛平台),2 所国际合作大学(中国矿业大学和克拉科夫 AGH 科技大学),2 座国际化实践平台（cumT-House 跨学科实验平台和张北"T&A House"实践平台，）以及 12 个协作专业，助推两校务实合作向纵深发展。

1. 国际化竞赛平台——CUMT-AGH 赛队

国际太阳能十项全能竞赛被誉为"太阳能和绿色建筑领域奥运会"，是由美国能源部发起并主办的，以全球高校为参赛单位的太阳能建筑科技竞赛，旨在通过竞赛加快太阳能产业的产学研融合与交流，推进太阳能技术的创新发展和深度应用。竞赛期间，太阳能住宅的所有运行能量完全由太阳能设备供给。大赛将全面考核每个参赛作品的节能、建筑物理环境调控及能源自给的能力，通过十个单项评比确定最终排名，因此称为"十项全能"竞赛。

2021 年 9 月，CUMT-AGH 赛队合影

中国矿业大学和克拉科夫 AGH 科技大学组队参加的是第三届中国国际太阳能十项全能竞赛（SDC）。本届竞赛的重要性不仅仅在竞赛本身，竞赛作品还有助力 2022 年北京冬奥会的作用。正是在这样的背景下，国家能源局、河北省政府有关领导专程来到赛场视察赛事准备情况并给予指导。

CUMT-AGH 竞赛平台拥有中外指导教师 22 名，其中包括克拉科夫 AGH 科技大学教师 4 名；学生团队总人数 68 人，其中中国矿业大学 58 人，克拉科夫 AGH 科技大学 10 人。

整个 SDC 设计方案由中波双方高校合作完成，中国矿业大学对赛队能源系统进行初步设计，克拉科夫 AGH 科技大学根据中国矿业大学的初步构思，在进行了各类数值模拟基础上做了相应的修正。最终双方形成了一套集光电、光热、地埋管跨季节储能为一体的系统。在 15 个参赛队里，CUMT-AGH 赛队是唯一一支利用地热开展跨季节储能的团队，也体现了两校在地热能领域的深厚功底。

当波兰团队无法来中国参加竞赛平台实体建造阶段的工作时，克拉科夫 AGH 科技大学克服种种困难为中国矿业大学团队邮寄了拥有专利技术的太阳能定日镜装备，助力赛队研究工作的开展。

2021 年 5 月，克拉科夫 AGH 科技大学定日镜装置

2. 两所国际合作大学——中国矿业大学和克拉科夫 AGH 科技大学

中国矿业大学，位于江苏省徐州市，是教育部直属的全国重点大学，教育部与江苏省人民政府、应急管理部共建高校，国家"双一流"建设高校。

克拉科夫 AGH 科技大学（波兰语名称 Akademia Górniczo-Hutnicza，英语名称 AGH University of Krakow）位于波兰克拉科夫市，始建于 1919 年，是波兰重点建设的 10 所研究型大学之一。

随着 SDC 竞赛的拉动，双方在围绕竞赛开展了一系列能源、建筑与环境领域的双边合作的同时，还开展了教师互访、联合课程、共同申请中欧国际合作项目等合作。

3. 两座国际化实践平台——张北"T&A House"实践平台和 cumT-House 跨学科实验平台

通过国际合作，目前团队已经建成 2 座实践平台——张北"T&A House"实践平台和 cumT-House 跨学科实验平台。

张北"T&A House"实践平台的建造地在张家口市张北县，主要为 SDC 竞赛决赛打造。平台是一座零碳产能建筑，集成了中波双方最先进的模块化建造、被动房、多模式 BIPV、地源热泵、跨季节储能、智能家居、建筑景观等技术和工艺。

2021 年 9 月，张北"T&A House"实践平台

2022 年 3 月，cumT-House 跨学科实验平台

cumT-House 跨学科实验平台不仅是一座零碳产能建筑，还具有"跨学科联合实验室"的功能。依托该平台可以进行各类建筑结构、建筑性能、太阳能、地热能、生物质能、氢能、环境科学、环境工程的实验。实验借鉴了克拉科夫 AGH 科技大学实验室的经验，采用数据云端发布的形式对两校师生开放，以对实验获得的海量数据进行深度发掘，形成各自的科研成果。

4. 12 个协作专业

高水平的 SDC 竞赛拉动了中波双方多专业的深度融合。据统计，参加 CUMT-AGH 赛队的师生来自能源与动力工程、建筑学、工程管理、艺术设计、环境科学、环境工程、结构工程、土木工程、电气工程、消防工程、英语和德语共 12 个专业。

竞赛中，中波双方多专业师生联合协作，进行了大量的方案讨论、线上答辩、模型制作、图纸设计、虚拟建造、实体建造等技术工作。此外，SDC 竞赛还获得了良好的工程管理、财务管理、媒体宣传等软科学团队的支持。

2020 年 5 月至 2021 年 4 月，团队跨专业国际化协作

三、成果总结

高水平国际竞赛平台拉动的联合人才培养实践有效促进了学生在"德""能"等内在因素的全面发展，在人才培养环境建设营造方面也形成了独特的优势。

（一）淬炼成功导向的意志品质

团队注重成功导向的意志品质的培养，学生在 SDC 竞赛拉动的跨学科团队中培养了以人为本的科学情怀、百折不挠的探索精神、合作共赢的团队意识以及向上求美的人文气质，这些德育成果成为个人和团队获得成功的基石。

CUMT-AGH 赛队的所有作品都把服务普通大众作为宗旨，可以说，以人为本的科学情怀已经走进学生的心灵。例如：张北"T&A House"实践平台设计背景就是根据当地老百姓的生活场景，设计出了美观、实用、性价比高的太阳能零碳建筑。克拉科夫AGH科技大学团队设计特长之一是使用PV/T技术，但是考虑到中国的市场条件以及我国北方的气候特征，竞赛中波兰团队毅然放弃了PV/T技术，提出对我国老百姓友好的"真空管＋地热"技术方案。

SDC竞赛从设计、答辩、虚拟建造到实体建造充满了各种困难，包括解决资金短缺等问题，但是团队在一次次的困难中坚持了过来。在张北"T&A House"实践平台实体建造阶段，来自12个专业的40余名学生不畏艰苦，每天在现场工作长达10余小时并坚持奋战了90余天，从唐山工厂到张北草原建设场地，都留下了辛勤的汗水。这不仅培养了学生的团队合作意识，更进一步淬炼了他们不屈的意志品质，达成了"德育＋劳动教育"双植入的效果。

（二）培养"多融合"的创新能力

SDC竞赛本身是一个"多融合"体系，因此在能力养成方面，高水平的国际竞赛促进了不同专业、不同文化背景学生的多种知识体系融合，包括跨思维方式的理念融合、跨学科的知识融合、国际化视野的融合、知识理解与运用的融合、知识学习与创造的融合。这种"多融合"能力的养成，是中波联合创新人才培养实践的重要特色。

参加竞赛的队员也在能力上收获了个人的成功。据统计，参加跨专业竞赛团队的中方本科毕业生中有34人继续攻读硕士学位，包括2人赴欧洲高校留学；9人在国有大中型企业就业；3人在国有/民营企业工作；参加跨专业竞赛团队的16名硕士毕业生中有2人选择继续攻读博士学位，15人选择在国内新兴产业企业就业，其中包括1名厄瓜多尔籍留学生。自2019年团队组建以来，除了SDC竞赛奖励，中方团队还荣获了"亚洲设计学年奖""江苏省优秀团队毕业设计"等10余项省级以上奖励。

波兰团队学生在SDC竞赛中的成果已经获得2项欧洲专利，毕业生也因竞赛获奖获得了更好的就业岗位。

（三）打造国际化人才培养环境

人才的发展环境对人才的培养至关重要。中国矿业大学和克拉科夫AGH科技大学以高水平国际竞赛为契机，积极为参赛师生打造国际化的人才培养环境，包括多学科人圈、投资圈、产业圈、国际视野圈、创业榜样圈，使得学生在学校就可以接触国内外高校的著名学者，与国际知名企业和投资人形成合作，与国际著名创业榜样进行面对面交流，学习与国内外媒体合作等，这些活动大大扩宽了学生的成长视野。

在SDC竞赛活动中，团队学生通过线上、线下活动广泛与国内外学者接触，参加各类国际学术活动30余场。一大批学生与平时很难接触到的顶尖学者建立了学术联系。此外，通过SDC竞赛平台，国内外各个高校之间的学术交流桥梁也逐步贯通，学生之间建立了亲密的学术关系和友谊。

众所周知，SDC竞赛不仅仅是大学水平的较量，更是产业人脉的较量。CUMT-

AGH 赛队的赞助企业也是一个国际化的群体，包括德国国际合作机构（GIZ）、北京浩石集成房屋有限公司、丹麦威卢克斯（Velux）、德国旭格（Schueco）、江苏坤奕环境技术股份有限公司、惠达卫浴股份有限公司、太阳雨集团等国际知名企业。

CUMT-AGH 赛队的工作也得到国内外媒体的关注。波兰国家电视 1 台、电视 3 台等新闻电视台密集报道了中国矿业大学与克拉科夫 AGH 科技大学合作参加 SDC 竞赛，助力张家口冬奥会的新闻。国内媒体包括央视 4 套、湖南卫视、科技导报等媒体、杂志都对赛队进行了深入报道。

2021 年 4 月、2022 年 2 月，波兰国家电视台和湖南卫视对团队的报道

（四）获得突出竞赛成绩

2022 年 8 月 8 日至 14 日，中国国际太阳能十项全能竞赛（SDC）决赛在河北省张家口市举行。CUMT-AGH 赛队成功闯入八强，并获得了市场潜力和最受媒体欢迎两项子竞赛第三名、最具可持续发展精神奖、优质合作企业奖、优秀指导教师奖和优秀学生奖等多项奖励。

总结中国矿业大学与克拉科夫 AGH 科技大学的合作经验，双方不仅选择了契合度高、影响力大的 SDC 竞赛平台作为双方教育、科研合作的抓手，并且采用了多学科、跨专业的教学与科研实践，进一步深化了两校全方位务实合作的发展。

2022 年 8 月，中国矿业大学校长宋学锋与参赛师生合影留念

四、未来展望

"以高水平国际竞赛平台拉动人才联合培养实践"是中国矿业大学与克拉科夫 AGH 科技大学之间利用国际合作，在科学研究、人才培养领域的一次有益探索。通过引入高水平竞赛拉动了双方的多学科融合、跨学科人才培养。

展望未来，随着中国在国际舞台上影响力的不断提升，"以高水平国际竞赛平台拉动人才联合培养实践"学科建设、人才培养模式也将逐步"走出去"，将我们在中欧合作中获得的有益经验输送他国，形成更广泛的社会辐射效益，使得国际教育界听到更多的中国声音；同时，我们也将进一步深化与克拉科夫 AGH 科技大学之间合作成果，并在科学研究、大工程等领域开展深度合作，谱写中欧国际合作优势互补的新篇章！

撰稿：中国矿业大学 陈宁、姚刚

【中国矿业大学简介】

中国矿业大学（China University of Mining and Technology）成立于 1909 年，是教育部直属的全国重点高校，国家"211 工程""985 优势学科创新平台项目"和国家"双一流"建设高校。百余年来，学校已经形成了以工科为主、以矿业为特色，理学、工学、文学、管理学等多学科协调发展的学科专业体系和多科性大学的基本格局。学校现有 23 个学院，73 个本科专业，36 个一级学科硕士点，18 个一级学科博士点；有各类教职工 3 400 多人；现有全日制普通本科生 20 000 余人，各类博士、硕士研究生 10 000 余人，留学生 600 余人，继续教育学生 10 000 余人。

2021 年 QS 世界大学排名，学校在中国高校（不含港澳台）中位列第 55，矿物与采矿工程学科位列全球第 19。8 个学科进入 ESI 世界前 1‰，其中工程学、地球科学进入前 1‰。在教育部第五轮学科评估中，矿业工程、安全科学与工程 2 个学科被评为 A＋。

学校积极开展国际交流与合作，不断推进国际化办学，与近百所国外高校建立了合作伙伴关系。学校联合 20 余所国外大学发起成立了"国际矿业、能源与环境高等教育联盟"；在澳大利亚格里菲斯大学创办了"旅游孔子学院"；积极主办承办"国际矿业科学技术大会"等一系列具有国际影响力的国际学术会议。

学校在新时代的奋斗目标是：到 21 世纪中叶，把中国矿业大学建成能源资源特色世界一流大学。

【合作单位简介】

克拉科夫 AGH 科技大学（AGH University of Krakow）位于波兰克拉科夫市，始建于 1919 年，是波兰重点建设的 10 所研究型大学之一。学校下设 16 个学院，包括土木工程与资源管理学院、金属工程与工业计算机科学学院、机械工程与机器人学学院、材料科学与陶瓷学学院、铸造工程学院、能源与燃料学院、物理与应用计算机科学学院等，开设了 22 个全英文授课专业。目前在校生总数超过 2 万人，其中硕士和博士研究生 3 000 余人。学校聘有学术员工 2 000 名左右，其中教授 200 余名、专职科研人员 100 余名。学校拥有各类实验室 800 个，每年承担各类科研项目达 1 000 余项。学校与全球高校签订了各类合作协议 300 余项。

克拉科夫 AGH 科技大学是波兰极具影响力的现代国立大学，与欧洲及世界各地高校开展着广泛合作；学校也是一所以精确科学为代表的科技大学，在积极参与知识型社会建设的同时尤为注重科技创新发展。

首家中国—罗马尼亚共建商学院

——华东理工大学与锡比乌大学联合培养中东欧跨文化商务人才

引言

近年来，中国和罗马尼亚关系保持良好发展关系，双边经贸往来成果丰硕，双方合作前景广阔，未来提升的空间很大。

基于中国和罗马尼亚两国的传统友谊和特殊关系，罗马尼亚作为中国与中东欧合作的桥头堡，将为中国—中东欧的合作以及中欧关系发展发挥重要作用。华东理工大学在国家"一带一路"倡议和"双一流"高校建设背景下，不断整合资源，群策群力，积极开展与海内外知名高校的合作，实施创新驱动、人才强校、质量兴校和国际化发展战略，力争建成特色鲜明的世界一流大学。

一、合作背景

在"一带一路"的倡议提出之后，中国商学教育的国际化既是中国走向世界，又是世界走向中国的过程；既要与国际标准对接，又要与本土产业融合，实现国际化与本土化深度结合，才是可取的发展之道。

华东理工大学（以下简称华理）积极响应国家"一带一路"倡议，以及教育部就推进共建"一带一路"教育行动的号召，积极参与"教育走出去"，服务中东欧国家各国企业并为当地培养现代商业人才，于 2018 年 4 月与罗马尼亚锡比乌卢奇安·布拉卡大学（以下简称锡比乌大学）正式签约，合作共建"华东理工大学锡比乌中欧国际商学院"（ECUST Sibiu Sino-European International Business School，SEIBS）。这是华理在海外设立的首个中外合作办学机构，也是首个中罗共建的商学院。

华东理工大学锡比乌中欧国际商学院旨在培养能够熟练掌握经济学、金融学和管理学等方面的基础理论和专业知识，以利用现代管理方法对企业问题做出科学分析并提出解决方案，同时能够深入了解相关学科的发展动向和世界领先企业，特别是中国优秀企业的成功经验，具有跨文化商务沟通功能，以促进中国与中东欧市场乃至整个欧洲的经贸发展的全球化高级人才。

二、发展历程

(一) 中罗项目签约、华东理工大学锡比乌中欧国际商学院揭牌

华理与锡比乌大学于 2015 年 12 月签订合作谅解备忘录，主要开展教师互换交流以及学生互换交流活动。在两校长期合作的基础上，2018 年 4 月 10 日，两校领导在上海举行了华东理工大学锡比乌中欧国际商学院成立的签约仪式。时任罗马尼亚驻上海总领事馆总领事奥雷利安·内亚古、锡比乌大学校长邦德雷亚、华理校长曲景平以及上海市人民政府外事办公室、上海市教委相关领导出席签约仪式。

2018 年 4 月，时任华理校长曲景平与锡比乌大学校长邦德雷亚签署合作共建罗马尼亚锡比乌中欧国际商学院协议，罗马尼亚驻上海总领事馆总领事奥雷利安·内亚古见证

2018 年 10 月 22 日，华东理工大学锡比乌中欧国际商学院揭牌仪式在罗马尼亚锡比乌大学举行，时任华理校长曲景平为中兴罗马尼亚公司时任首席执行官王庆亮、罗马尼亚华侨华人联合会秘书长曾旭东颁发华东理工大学锡比乌中欧国际商学院顾问聘书。

(二) 中国商务研修项目正式开班

2018 年 11 月，华东理工大学锡比乌中欧国际商学院中国商务研修项目正式开课。华理商学院黄庐进教授赴罗马尼亚进行授课。首期项目实际注册学员为 50 名，是预计招生的两倍。学员包括锡比乌大学农学院、科学院、工程院、经济学院和文学院的在读研究生，除此之外，还吸引了锡比乌各行各业的精英人士。中国商务研修项目包括"中国商务环境""中国与世界经济""中国商法""中国历史与文化""中国金融市场"五门课程，均由华理商学院的教师赴罗马尼亚面授。

2018 年 10 月，时任华理校长曲景平与时任锡比乌大学校长邦德雷亚为
华东理工大学锡比乌中欧国际商学院揭牌

2019 年 5 月，华理商学院孟磊副教授赴罗马尼亚为学员讲授"中国金融市场"课程

（三）为华东理工大学锡比乌中欧国际商学院首届学员获颁结业证书

2019 年 12 月 12 日，华东理工大学锡比乌中欧国际商学院在锡比乌大学校长楼会议厅成功举行了首届"中国商务研修班"结业仪式。华东理工大学锡比乌中欧国际商学院时任外方院长丹娜及华理商学院黄庐进教授为学员颁发了证书。获得结业证书的学员纷纷发表感言，表示自己受益匪浅。

2019 年 12 月，时任外方院长丹娜和华理商学院黄庐进教授为学员颁发结业证书

（四）华东理工大学锡比乌中欧国际商学院云课堂

2020 年 3 月初，为保障华东理工大学教学工作顺利进行，华东理工大学锡比乌中欧国际商学院开始线上课程教学。为保证达到最好的授课效果，华东理工大学锡比乌中欧国际商学院教师多次进行软件、网络测试，并根据学员对网课的反馈，及时调整教学方案和教学方法，为在线课堂注入新的活力。在确保完成项目预期目标的前提下，充分挖掘线上教育合作新机遇，与罗马尼亚华企积极合作，开展线上讲座系列活动，包括中兴通讯罗马尼亚子公司时任 CEO、华东理工大学锡比乌中欧国际商学院顾问王庆亮先生的"跨国企业在罗马尼亚的机遇与挑战——以中兴通讯在罗马尼亚的发展与运营为例"讲座，罗马尼亚华资旅行社凤凰旅行公司总经理、华东理工大学锡比乌中欧国际商学院顾问曾旭东先生的"中罗企业文化差异与融合"讲座。系列讲座是华东理工大学锡比乌中欧国际商学院在线上授课做出的新尝试和创新，为罗马尼亚学员提供了一个更开放的交流平台。

（五）华东理工大学锡比乌中欧国际商学院 2019 届毕业典礼暨 2020 年开学典礼

2020 年 11 月 27 日，华东理工大学锡比乌中欧国际商学院通过网络在线方式举行了 2019 届毕业典礼暨 2020 年开学典。双方领导十分重视此次活动，时任锡比乌大学校务委员会主席邦德雷亚、锡比乌大学副校长安德烈·特里安、华理商学院院长马铁驹、华东理工大学锡比乌中欧国际商学院院长阎海峰和副院长赵炎及中方海外执行院长孟磊出席了典礼。通过此次活动，两校一致决定深化已有合作的基础，在教学和科研领域开展全面合作，在教育资源上强强联合，为罗马尼亚学生提供更优质的教育资源、搭建更广阔的平台。

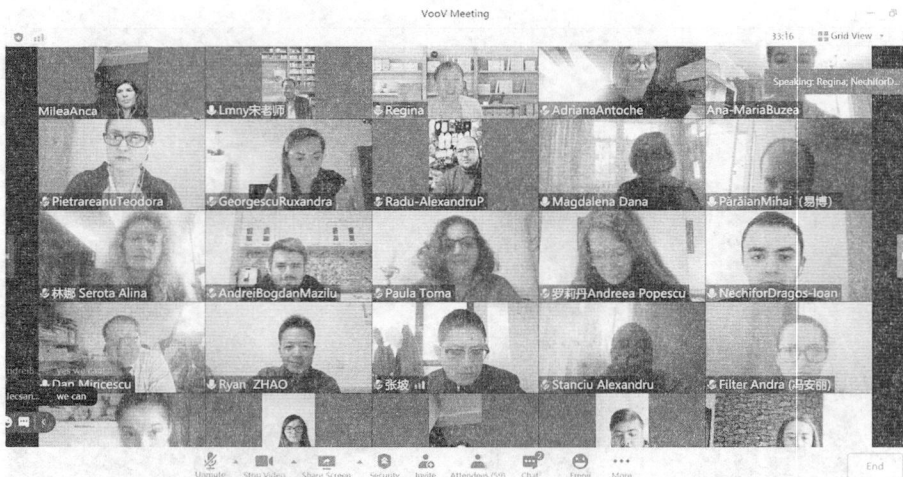

2020 年 3 月，华东理工大学锡比乌中欧国际商学院云课堂

2020 年 11 月，华东理工大学锡比乌中欧国际商学院院长阎海峰在典礼上讲话

（六）华理商学院院长马铁驹与华东理工大学锡比乌中欧国际商学院罗方院长弗洛瑞亚·西尔维娅举行网络工作会议

2021 年 12 月 14 日，华东理工大学锡比乌中欧国际商学院举行了网络工作会议。华理商学院院长马铁驹、华东理工大学锡比乌中欧国际商学院罗方院长弗洛瑞亚·西尔维娅、华东理工大学锡比乌中欧国际商学院副院长赵炎、华东理工大学锡比乌中欧国际商学院中方海外执行院长孟磊参加了此次会议。在此次会议上，双方达成一致，在"中国商务研修班"的基础上，双方深化合作，共同推进"中欧跨文化与商务交流"一年研

究生项目，同时讨论了项目开展的可行性以及招生范围和渠道、课程模块、学员毕业论文等。

2021 年 12 月，华理商学院院长马铁驹（中）在网络工作会议中讲话

三、成果总结

（一）中国商务研修课程设置

中国商务研修课程包括"中国商务环境""中国与世界经济""中国金融市场""中国商法"和"中国历史与文化"五门课程，每门课程 16 课时，共计 80 课时。五门课程均由商学院教授、副教授赴锡比乌大学进行面授。课程内容丰富、紧跟国内发展前沿，采用讲授、案例分析和小组讨论、汇报等多种互动教学方式和各类多媒体教学手段，实现教学效果的最大化。学员修满全部课程、通过考核，即可获得由华东理工大学锡比乌中欧国际商学院颁发的结业证书。

中国商务研修课程这五门课程为华东理工大学锡比乌中欧国际商学院国际 MBA 项目的精选课程，培养学员熟练掌握经济学、金融学和管理学等方面的基础理论和专业知识，以利用现代管理方法对企业问题做出科学分析并提出解决方案；同时能够深入了解相关学科的发展动向和世界领先企业，特别是中国优秀企业的成功经验，培养具有跨文化商务沟通技能的全球化高级人才，以促进中国与中东欧市场乃至整个欧洲的经贸发展。

华东理工大学锡比乌中欧国际商学院已招收学员 164 名，学员来自罗马尼亚全国各地，包括布加勒斯特、康斯坦察、布拉索夫和锡比乌等多个城市。大部分学员来自罗马尼亚中资企业、罗马尼亚企业员工及管理层人员，包括中远海运集运（罗马尼亚）公司、中国银行（中东欧）有限公司布加勒斯特分行、德创（罗马尼亚）投资管理有限公司、eMAG 罗马尼亚电商平台、罗马尼亚天然气输送公司（Transgaz）等。

目前，共有 54 名学员完成课程学习并通过考核。另外，华东理工大学锡比乌中欧国际商学院成功推荐三名优秀罗马尼亚学员到华理攻读工商管理硕士。其中，学员安迪娅（Tanase Maria-Andreea）和白佳佳（Iustina Balan）获得"欧盟之窗"中国政府奖学金，学员巩琳琳（Andreea Elena Gingu）获得上海政府奖学金。

（二）学员小组报告及研究论文

在授课教师的指导下，学员通过小组合作、在网上和图书馆查找资料，并融入自己对中国经济和文化的理解，出色地完成了 53 个主题小组案例分析，这培养了学员的分析能力和解决实际问题的能力。2019 级学员完成了"中罗商业法律之间的对比""中国公司在罗马尼亚的投资实例""玄奘西行取经""张骞出使西域"等 20 个主题的小组案例分析。2020 级学员完成了"中罗商业法律之间的对比""中国公司在罗马尼亚的投资及经营状况""罗马尼亚商业法律法规及外商在罗投资""中资企业东辉运动器材厂（DHS）在罗投资实例""中国—中东欧投资合作基金案例分析"等 33 个主题的小组案例分析。

除此之外，学员完成了 55 篇小论文，论文研究方向为最近一年罗马尼亚的贸易差额和经常账户，预测未来五年的贸易平衡及中国和罗马尼亚不同的市场营销策略。

（三）中罗合作中欧跨文化与商务交流一年研究生项目

为保证华东理工大学锡比乌中欧国际商学院的可持续发展，华理商学院和锡比乌大学在"中国商务研修项目"基础上进一步深化合作，共同推进"中欧跨文化与商务交流"一年期研究生培养项目。项目包括"中国商务环境""中国与世界经济""中国金融市场""中国商法""中国历史与文化""商务沟通""跨文化交际""战略沟通和公共关系""电子商务与管理""谈判策略"等 10 门课程，中方、罗方教师各承担 5 门课的教学内容。学生在完成了一年的学习后由罗马尼亚教育部颁发一年研究生项目学历证书。

该项目的获批，标志着中国商务课程正式进入罗马尼亚高等教育体系，中罗高等教育合作迎来了新的里程碑。

（四）社交网络宣传、媒体报道等

华东理工大学锡比乌中欧国际商学院的相关活动受到了新华社、《欧洲侨报》、罗马尼亚《灯塔报》等多家媒体报道。中央广播电视总台国际在线、中央广播电视总台欧拉中心罗马尼亚语部、《欧洲侨报》、《欧洲时报》等媒体先后报道了华东理工大学锡比乌中欧国际商学院的跨国云课堂。中央广播电视总台欧拉中心罗马尼亚语部出品了"云课堂！当罗马尼亚学生与上中国'跨国网课'"。另外，2020 年 12 月 3 日，罗马尼亚国际广播电台对华东理工大学锡比乌中欧国际商学院阎海峰院长进行电话采访，并进行两期专题报道。

媒体的广泛报道，提高了华东理工大学锡比乌中欧国际商学院的知名度和影响力，更好地展示和推广了中国商务课程，同时也为华东理工大学锡比乌大学中欧国际商学院提供了更多的合作机会。

2018 年 10 月，锡比乌《论坛报》报道了华东理工大学锡比乌中欧国际商学院揭牌活动

（五）校企联合、助力华东理工大学锡比乌中欧国际商学院在罗马尼亚的发展

为了促进华东理工大学锡比乌中欧国际商学院在罗马尼亚的发展，华东理工大学锡比乌中欧国际商学院中方海外执行院长孟磊、华东理工大学锡比乌中欧国际商学院副院长赵炎先后赴在罗华企进行实地考察和调研。目前，华东理工大学锡比乌中欧国际商学院已与华为罗马尼亚子公司、中远海运集运（罗马尼亚）有限公司、中兴罗马尼亚分公司、罗马尼亚中国工商会、罗马尼亚凤凰旅行社、德创（罗马尼亚）投资管理有限公司等在罗华企建立了初步联系。同时，为了进一步提升罗马尼亚中资企业中高层管理人员跨文化领导力，特面向罗马尼亚中资企业中高层管理人员开设"一带一路"国家企业高级管理人员培训班。2019 年 6 月，锡比乌大学前校长邦德雷亚到华理进行交流访问，参观了华理国家重点实验室，并赴光明乳业股份有限公司考察。

（六）入选 2019 年度中国—中东欧国家高校联合教育项目

2019 年 12 月 25 日，由华理商学院申报的《华东理工大学锡比乌中欧国际商学院中东欧地区中国商务教育推广》选题获得立项支持，入选 2019 年度中国—中东欧国家高校联合教育项目。自中国教育国际交流协会发布"2019 年度中国—中东欧国家高校联合教育项目"相关通知以来，在两校领导的全力支持下，华东理工大学锡比乌中欧国际商学院积极准备、认真调研、撰写立项材料，并于 2019 年 8 月向中国教育国际交流协会提交了"华东理工大学锡比乌中欧国际商学院中东欧地区中国商务教育推广"申报书。经专家组评审及公示，华理申报项目于 2019 年 12 月入选立项。

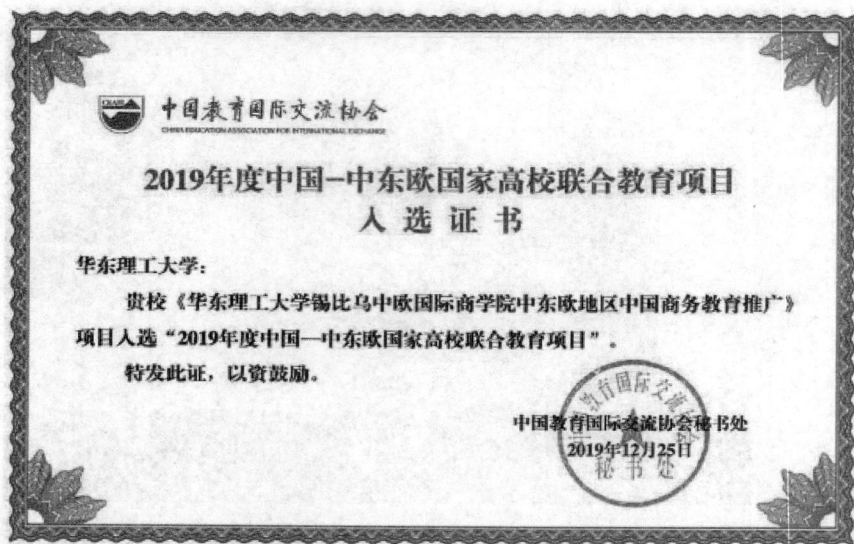

2019 年 12 月，获批中国—中东欧国家高校联合教育项目立项

四、未来展望

华东理工大学锡比乌中欧国际商学院成立以来，一直努力聚力构建"一带一路"教育共同体，加强合作，实现合作共赢、文明互鉴。学院在继续做好已有国际合作项目的基础上，致力于开拓和打造精品国际工商管理研究生合作项目、召开中国—中东欧商业教育论坛暨中东欧商学院院长论坛、组织罗马尼亚学员中国商务交流夏令营等活动，致力于成为中欧文化交流的桥梁，围绕科技创新创业、高精尖技术产业转化、商业与科技的连接等领域形成特色和优势，服务罗马尼亚各行业发展，培养具有全球领导力、跨文化管理能力、多元化背景的经管人才，把有中国经验、华理特色的高等教育推向世界，为世界贡献华理智慧与力量。

撰稿：华东理工大学 赵炎、孟磊

【华东理工大学简介】

华东理工大学（East China University of Science and Technology）设有 17 个专业学院，学科设置涵盖理、工、农、医、经济、管理、文、法、艺术、哲、教育 11 个学科门类；现有本科招生专业 67 个，一级学科硕士学位授权点 31 个，硕士专业学位授权点 17 个，一级学科博士学位授权点 18 个，博士专业学位授权点 5 个，博士后科研流动站 16 个；拥有国家重点学科 8 个、上海市重点学科 10 个。"化学工程与工艺"是中国大陆高校首个通过 ABET 认证的专业，商学院全部专业通过了国际精英商学院协会（AACSB）商科教育认证。化学、材料科学、工程学、生物学与生物化学、药理学和毒理学、农业科学、计算机科学、环境科学与生态学、临床医学、社会科学总论 10 个学科进入 ESI 全球前 1%，工程学、化学学科进入全球前 1‰。学校现有在校全日制学生 1.6 万余人。学校拥有国家级实验教学示范中心 2 个，国家级虚拟仿真实验教学中心 2 个，上海市级实验教学示范中心 4 个；国家级虚拟教研室 3 个，国家级工程实践教育中心 5 个。学校现有教职员工近 3 000 人，其中中国科学院、中国工程院院士 11 人，欧洲科学院院士 1 人，俄罗斯工程院院士 1 人，国家杰出青年科学基金获得者等国家级人才 140 余人；拥有国家级教学名师 3 人、全国高校黄大年式教师团队 2 个；拥有基金委创新研究群体、科技部重点领域创新团队等高水平创新团队 11 个。学校现有教职员工约 3 000 人，其中，中国科学院、中国工程院院士 11 人，欧洲科学院院士 1 人，国家杰出青年科学基金获得者等国家级人才 140 余人。

【合作单位简介】

锡比乌卢奇安·布拉卡大学（Lucian Blaga University of Sibiu）是罗马尼亚著名的国际性高等学府，位于欧洲文化之都罗马尼亚锡比乌市。该校现有 4 个学院，其中工程学院凭借着悠久的历史及丰富的教学经验使其成为罗马尼亚最重要的工程系之一。在 2023 年 QS 全球高校综合排名中，该校在罗马尼亚所有大学中位列第 17。该校现有在校生 1 万余名，其中包括来自中国、法国、摩尔多瓦、柬埔寨等世界各地的留学生。该校是许多著名国际学术组织的成员。

创新多模式合作机制，打造中国—中东欧国家"升级版"高等教育合作网络

——北京建筑大学"一带一路"建筑类大学国际联盟中东欧区域合作实践

引言

2017 年 10 月，北京建筑大学发起成立"一带一路"建筑类大学国际联盟（以下简称联盟），为国家不断深化"一带一路"倡议、全面推动沿线国家基础设施建设、国际化人才培养、科技协同创新及人文交流做出了重要贡献，目前已有来自 28 个国家的 84 所院校和企业加入联盟，中国及中东欧地区成员高校数量占三分之一以上。

一、合作背景

依托联盟平台，北京建筑大学与中东欧国家高校开展了广泛合作，发展了一批新的友好合作伙伴。目前，学校与 8 个中东欧国家的 15 所高校开展了多层次交流合作，具体合作国家与高校情况如下。

北京建筑大学与 15 所高校开展交流合作

国家	高校
塞尔维亚	诺维萨德大学
波黑	莫斯塔尔大学、萨拉热窝大学、巴尼亚卢卡大学
希腊	塞萨洛尼基亚里士多德大学、色萨利大学
波兰	华沙理工大学、琴希托霍瓦工业大学、西里西亚理工大学、华沙生态与管理大学、比亚威斯托克理工大学
捷克	南波希米亚大学
罗马尼亚	斯皮鲁哈列德大学
保加利亚	索非亚土木建筑及大地测量大学
黑山	下戈里察大学

为服务中国—中东欧国家合作同共建"一带一路"倡议，深化与中东欧各国教育交流与合作，2021年，联盟设立中东欧地区区域主席单位，由诺维萨德大学担任，该校校长马蒂奇教授任联盟中东欧地区区域主席。作为中东欧地区区域主席单位，诺维萨德大学协助主席单位北京建筑大学负责联盟发展规划及各类活动在中东欧地区的实施工作，以中国—中东欧国家首都市长论坛机制及中国—中东欧国家高校联合会平台为依托，围绕服务北京"国际交往中心"建设、高层次国际科研合作、高水平人才培养合作与人文交流，持续推进中国及中东欧地区联盟各成员间的深入合作，打造服务中国—中东欧国家"升级版"高等教育合作网络。

二、发展历程

（一）发挥学科优势，以中国—中东欧国家首都市长论坛为依托，搭建韧性城市合作与交流平台，助力北京市"国际交往中心"建设

2021年11月，在由波黑首都萨拉热窝市主办、北京市支持的第五届中国—中东欧国家首都市长论坛期间，北京建筑大学和莫斯塔尔大学联合举办线上平行活动"韧性城市 智慧发展"论坛。本次论坛吸引了中国、英国、土耳其、哈萨克斯坦、意大利、塞尔维亚、波黑、亚美尼亚、保加利亚、黑山、葡萄牙、希腊、俄罗斯、印度尼西亚、美国共15个国家39所高校与机构的200多名代表参加。

2021年11月，第五届中国—中东欧国家首都市长论坛"韧性城市 智慧发展"分论坛

此次论坛作为中国—中东欧国家首都市长论坛框架下重要的平行活动，以"韧性城市 智慧发展"为主题，为中国及中东欧国家相关高校提供了高水平的交流研讨平台，进一步丰富了政治、经济、学术、研究等各类机构共同参与的多元首都市长论坛机制，

成为服务北京与中东欧首都城市间凝聚友谊与共识的桥梁、交流治理经验的平台、推动务实合作的载体。

来自 4 个国家的 5 位专家围绕"城市治理"这一共性议题做主旨报告，分享智慧理念和技术经验，为提升城市管理水平、推动城市绿色韧性发展提供借鉴。

全国工程勘察设计大师、北京建筑大学建筑与城市规划学院院长、教授张杰以"基于历史性城镇景观方法的中国历史文化城市可持续管理"为主题，回顾了中国历史城市保护的发展，阐述了在快速城市化背景下，中国如何保护城市遗产整体风貌及其环境、传承文化、促进城市保护与发展的融合。

DunavNET 联合创始人、下戈里察大学访问学者克尔措以"数据的价值：从智慧城市到可持续城市"为主题，探讨数据空间的作用以及数据如何推动可持续的生活方式。

莫斯塔尔大学副校长、教授乔拉克以"莫斯塔尔古桥重建项目"为主题，系统梳理了重建莫斯塔尔古桥的整个过程。

诺维萨德大学数字设计中心创始人、《建筑与数学杂志》编委会成员斯托亚柯维奇以"数字设计在建筑和城市规划中的应用及前景"为主题，讨论了如何利用计算机模拟、基于性能的设计、计算设计、数字制造和交互式可视化等数字技术重塑对设计的思考方式，从而重塑我们的城市，创造更美好的未来。

波黑联邦议会议员，波黑联邦议会实体规划、住房和公共政策、生态和旅游委员会主席，萨拉热窝总理城市规划与设计高级顾问波兹德围绕"智慧萨拉热窝"开展分享，简要回顾了萨拉热窝重新开启新阶段的智慧化进程。

因北京建筑大学及联盟在组织第五届中国—中东欧国家首都市长论坛"韧性城市智慧发展"分论坛中的杰出表现，2021 年 12 月波黑及克罗地亚国家大学校长联合会会议期间，莫斯塔尔大学校长托米奇代表学校理事会授予北京建筑大学及联盟"杰出贡献奖"。托米奇表示，通过这次会议，我们认识到了中国在建设全球体系中发挥的重要作用，为中波两国在政治体制、经济发展、教育、文化等各个领域的深入合作感到由衷自豪，此次，两校成功联合举办此次盛会，进一步推动了两校建立更加紧密的合作关系，期待未来在北京建筑大学及联盟的引领下，持续拓展与中国高校的伙伴关系网络。

（二）加强深度合作，以中国—中东欧国家高校联合会平台为依托，推进高校间高层次协同创新研究

2020 年 12 月，北京建筑大学与塞尔维亚诺维萨德大学联合申报的《基于人工智能的中欧班列沿线城市生态环境遥感监测》项目成功入选为"2020 年中国—中东欧国家高校联合教育项目"优先资助项目。

本项目以北京建筑大学遥感学科雄厚的科研团队实力为基础，发挥诺维萨德大学在人工智能方面的强大技术优势，以中欧班列沿线城市为对象进行生态环境高精度遥感监测，构建中欧班列沿线城市的生态环境样本库，建立基于迁移学习的多源协同地表覆盖快速识别和多环境要素分析方法。项目成果可为"一带一路"交通沿线的生态环境监测与分析提供有力的技术支持，针对沿线不同地区的地质、生态特点，合理规划铁路班

2021 年 12 月，北京建筑大学和联盟获得莫斯塔尔大学颁发的"杰出贡献奖"

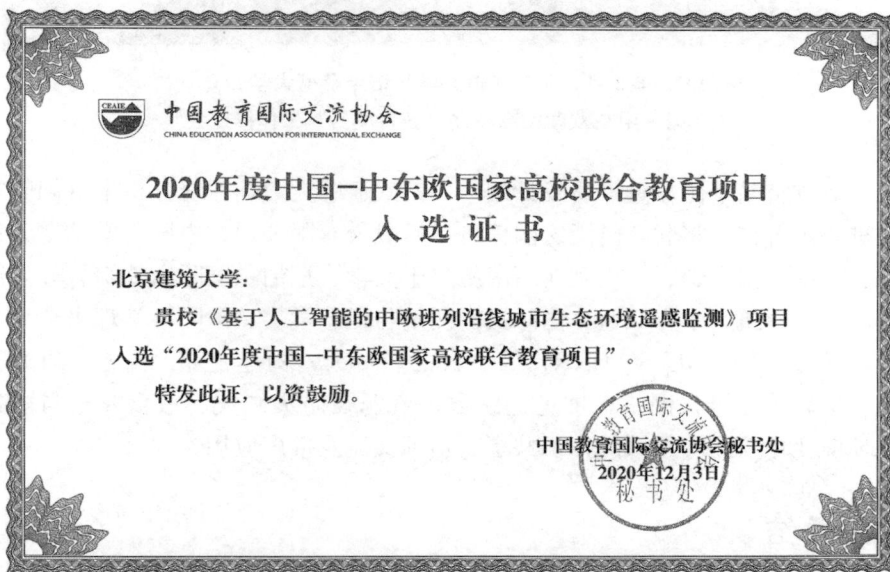

2020 年 12 月，"2020 年中国—中东欧国家高校联合教育项目"入选证书

列、提升经济走廊的管理和社会服务水平，践行"绿色、健康、智慧、和平"的建设宗旨，实现可持续发展。

目前北京建筑大学与诺维萨德大学已联合撰写发表学术论文 2 篇，商定于 2022 年 11 月北京建筑大学主办的"空间信息科学支持减灾和智慧城市管理"期间组织专题学术研讨单元，并启动联合创新实验室筹备工作。

2022 年 2 月，北京建筑大学与诺维萨德大学召开
"中国—中东欧国家高校联合教育项目"工作推进会

同时，双方将基于国家重点研发计划"一站式遥感大数据在线分析平台国际推广应用"开展进一步合作，将联合航天宏图信息技术股份有限公司、中国科学院空天信息创新研究院、首都师范大学、澳大利亚新南威尔士大学、尼泊尔国际山地综合开发中心等单位，借助北京建筑大学在联盟、国际摄影测量与遥感学会、国际科学理事会地学联盟减灾常设委员会（ISC-GU-SC-DRR）等平台的影响力，构建企业—高校—研究机制—国际组织产学研国际合作网格，推进遥感数据资源在防灾减灾、粮食安全与可持续农业、生态环境变化监测等领域的知识共享、培训交流及推广应用。

三、成果总结

打造品牌项目，以"一带一路"建筑类大学国际联盟为依托，推进高水平人才培养合作与人文交流。2022 年是北京建筑大学发起并任主席单位的"一带一路"建筑类大学国际联盟成立五周年。五年来，联盟围绕建筑工程领域创新人才培养与科技交流合作组织了系列品牌活动，成功举办五届暑期国际学校及四届国际大学生数字建筑设计竞赛，并于 2021 年发起了"Global Campus—暑校共享计划"，得到了中东欧国家高校的广泛支持与参与。

通过充分发挥多元品牌项目的带动效应，联盟中的中国与中东欧国家高校不断拓展人文交流的广度和深度，为推动中国—中东欧国家教育合作、构建建筑教育共同体夯实基础、筑牢根基，增进了师生对不同文明、文化的理解和借鉴。

拉佐维奇就是一个典型代表，她是一位来自黑山的学生，目前正在攻读诺维萨德大学技术科学学院城市建筑数字技术、设计与生产专业硕士研究生。2020年8月，她和来自14个国家、12所高校的309名师生一同加入了北京建筑大学暑期国际学校。在为期一周的线上课程中，她和老师、同学们一起讨论了很多当下流行的学术热点问题，既有绿色建筑的设计及评价体系、隐形环境问题等前沿话题，也有遥感技术在土木工程中的应用、大地震后的减灾技术对策等专业领域问题。

拉佐维奇最感兴趣的是机器人在建筑工业化中的应用。从北京建筑大学机电学院单晓微老师的课题中，她了解了中国正在让机器人代替人类完成某些困难工作，这让整个国家都更具创造力。拉佐维奇不由得为这种方式"点赞"，并决定到北京建筑大学攻读机器人科学博士学位："我认为这种利用机器人的方式非常棒，是利用机器人最好的方式。我相信，我能在中国学到很多。"

在第五届中国—中东欧国家首都市长论坛"韧性城市 智慧发展"分论坛中，题为"'韧'性·'韵'致·祥'和'的'一带一路'"国际交流活动综合成果展，以线上线下相结合的形式召开。作为展览三大板块之一的"中国—中东欧建筑风情新剪纸艺术展"主要展出的是北京建筑大学建筑与城市规划学院赵希岗教授的17幅现代剪纸艺术作品。这些新剪纸艺术作品融合了中国写意文化、传统装饰艺术与现代设计理念和当代艺术精神，对天安门、长城、拜占庭基督教堂、塔拉河峡谷大桥等我国及16个中东欧国家标志性建筑进行全新诠释与演绎，充分展现了不同国家的文化内涵、历史风貌和建筑风情，诠释了艺术与文化在深化中国与中东欧国家合作、共建人类命运共同体中的重要作用，希望通过中国剪纸艺术，连接真心、携手共进，共创美好未来。

2021年11月，中国—中东欧建筑风情新剪纸艺术展

四、未来展望

自"一带一路"建筑类大学国际联盟成立，联盟以清晰的规划和实施路线来推进"一带一路"沿线国家建筑类高校的交流与合作，通过设立中东欧地区区域主席单位，率先探索跨区域合作同共建"一带一路"倡议对接，合作基础日益夯实，领域逐渐拓展。面对百年未有之大变局，联盟期待各方总结合作经验，凝聚合作共识，规划合作蓝图，助力开创联盟合作第二个"五年"，使联盟成为辐射和服务"一带一路"建筑类大学的重要枢纽平台，在人才培养、学术研究、产学研合作及师生交流等领域发挥重要的引领和主导作用，不断提升联盟的知名度及国际影响力，打造中国—中东欧国家"升级版"高等教育合作网络，推动构建"一带一路"教育共同体。

撰稿：北京建筑大学 李洋、丁帅

【北京建筑大学简介】

北京建筑大学（Beijing University of Civil Engineering and Architecture）是北京唯一的建筑类高校，是北京市与住房和城乡建设部共建高校、北京市党的建设和思想政治工作先进高校和北京市确定的高水平特色型大学，是一所具有鲜明建筑特色、以工为主的多科性大学，是"北京城市规划、建设、管理的人才培养基地和科技服务基地"和"国家建筑遗产保护研究和人才培养基地"。学校源于 1907 年京师初等工业学堂，办学百余年来，始终以服务首都城乡建设发展为使命，为北京城市规划建设管理领域培养了大批优秀人才，提供了智力和科技支撑。

学校围绕服务国家战略和北京"国际交往中心"功能建设需求，不断拓展合作领域、创新合作方式、提高合作成效。目前学校已初步构建"一带一路"城市国际化创新中心和 7 个专题国际创新合作平台，与 47 个国家和地区的 115 所院校和机构建立了合作关系，切实推进学术交流、国际合作研究。学校发起成立的"一带一路"建筑类大学国际联盟已有来自 28 个国家的 84 所院校和企业加入，成为具有较高知名度的专业类大学国际联盟。学校通过中外合作办学、招收国际学生等方式，培养中外学生近千人。学校举办的暑期学校规模持续扩大，已成为有一定知名度的国际教育品牌项目。

【合作单位简介】

为积极响应、落实"一带一路"倡议，推动构建人类命运共同体，北京建筑大学作为北京市唯一的建筑类高校，发起并于 2017 年 10 月 10 日成立了"一带一路"建筑类大学国际联盟。

2021 年是联盟成立四周年。四年来，联盟为全面深化"一带一路"沿线国家高校的交流与合作，推动教育综合改革和教育国际化进程，搭建国际化人才培养、科技协同创新及人文交流平台，提高大学的办学活力、教育质量、科学研究及国际交流与合作水平，进行了积极实践，取得了较为丰硕的成果。四年来，联盟持续引领并拓展与"一带一路"沿线国家高校与科研机构的交流合作，围绕建筑工程领域创新人才培养与科技交流合作组织了系列品牌活动，连续举办了联盟会议暨论坛；在由波黑首都萨拉热窝市主办、北京市支持的第五届中国—中东欧国家首都市长论坛期间，承办线上平行活动"韧性城市 智慧发展"论坛；举办了"一带一路"暑期国际学校；举办了"一带一路"国际大学生数字建筑设计竞赛；连续两年开展"Global Campus—暑校共享计划"；在推进重点领域的学术交流与合作研究方面，联合塞尔维亚诺维萨德大学开展《基于人工智能的中欧班列沿线城市生态环境遥感监测》研究，"中欧农村建筑碳中和对比研究"获欧盟欧亚合作项目资助，"GEO遥感平台'一带一路'应用推广"获国家重点研发政府间合作项目资助。

人文交流

　　国之交在于民相亲，民相亲在于心相通。人文交流在对外交往中扮演着"最美和声"的角色，一直是促进各国人民相知相亲的重要纽带和民意基础。中国教育国际交流协会从 1981 年成立至今，始终致力于开展双边多边人文交流工作，与 50 多个国家和地区的 170 多个国际组织保持着长期、稳定的合作关系。近年来，中国教育国际交流协会创新开展"中国—中东欧国家教育合作空间展""中东欧国家月主题活动""驻华外交官中国行"等活动，为促进双方增信释疑和文明交流互鉴贡献了民间力量。

　　本篇以双方高校在出版、音乐、语言教学、区域研究等领域开展的民心工作为案例，向读者展示中国与中东欧国家高校多领域、深层次、全方位的人文交流合作。

文明互鉴，丰富人文内涵

——以中国人民大学出版社
中国—罗马尼亚学术出版合作中心为例

引言

为贯彻落实中国国家主席习近平"一带一路"重大国际合作倡议，中国人民大学出版社（以下简称人大出版社）积极拓展与"一带一路"沿线国家出版合作，积极推动中国—罗马尼亚学术出版合作中心项目。人大出版社与罗方合作伙伴致力于在两国之间共建起文化的桥梁，促进两国在文化出版领域的交流与合作，增进两国人民间的相互了解和信任，实现丝路合作共赢，重点做好中国图书在罗马尼亚的翻译出版工作，大力推动中罗双方的合作与发展。中国—罗马尼亚学术出版合作中心的设立，成功地搭建起中罗两国版权交流的平台，为中国图书"走出去"增添了新的路径。

一、合作背景

人大出版社是新中国成立后的第一家大学出版社，始终秉承"出教材学术精品，育人文社科英才"的出版理念，是中国最重要的高校教材和学术著作出版基地之一。21世纪以来，人大出版社以主题出版和高端学术出版为核心产品发展战略，与"三个顶尖"（即全球顶尖、行业顶尖和所在国顶尖）出版机构合作建立战略合作伙伴关系，不断地把中国学术和中国学者推向国际舞台。目前，人大出版社累计输出版权 3 000 多种，涉及 40 多个语种，与世界上 60 多个国家和地区的千余家出版机构开展合作，60％输出到"一带一路"沿线国家，60％以上是中国人民大学学者的学术著作；在以色列、蒙古、罗马尼亚、意大利和哈萨克斯坦建立分支机构，实施图书出版本土化战略；在中宣部下辖"中国图书对外推广计划"单体出版社综合排名中连续 11 届名列前茅，取得七个第一、四个第二的优异成绩；连续九届入选由财政部、商务部、中宣部、国家广播电视总局等联合评选的国家文化出口重点企业。

经过多年版权输出的积累，人大出版社与包括罗马尼亚政府、学术机构和出版商建立了广泛而稳定的合作关系，这为中国—罗马尼亚学术出版合作中心项目的顺利开展提供了丰富的资源保障。2017 年，人大出版社发起成立了"一带一路"学术出版联盟，2019 年更名为"一带一路"共建国家出版合作体，入选第二届"一带一路"国际合作高峰论坛成果清单，成为中外出版界交流的唯一国家级平台。罗马尼亚作家协会、罗马尼亚文化院、罗马尼亚版权委员会、罗马尼亚鲁维科斯出版社等九家学术、出版等专业机构已加入"一带一路"共建国家出版合作体。多年深耕罗马尼亚出版市场的经验和人脉资源，为人大出版社开展中国—罗马尼亚学术出版合作中心项目提供了重要的条件。

二、发展历程

2016 年 5 月，人大出版社代表团访问罗马尼亚文化院时在罗马尼亚文化院总部合作设立了"中国—罗马尼亚学术出版合作中心（布加勒斯特）"，时任中国国家新闻出版广电总局副局长吴尚之参加了揭牌仪式并讲话。

2016 年 5 月，时任中国国家新闻出版广电总局副局长吴尚之（前排左）
出席中国—罗马尼亚学术出版合作中心（布加勒斯特）揭牌仪式

2016 年 8 月，"中国—罗马尼亚学术出版合作中心（北京）"揭牌仪式在北京国际图书博览会人大出版社展台举行。时任中国人民大学党委常务副书记张建明、人大出版社社长李永强、罗马尼亚出版商协会主席克瑞斯汀·格莱沙努、罗马尼亚文化院出版社主任博洛丹·波佩斯库等出席仪式并揭牌。

人大出版社中国—罗马尼亚学术出版合作中心项目以"商业化""市场化"的运作模式为核心，共同设立专家委员会，共同遴选适合中国和罗马尼亚图书市场的图书，致力于打造首个中罗图书出版品牌，成为中国文化在罗马尼亚乃至欧洲传播的前沿阵地。

2016 年 8 月，中国—罗马尼亚学术出版合作中心（北京）揭牌仪式

目前，项目合作分为四个方面：

（1）翻译出版：翻译出版中国出版社已经出版的图书。

（2）策划选题：组织当地的作者撰写有关中国内容的图书。

（3）版权代理：代理中国出版社和罗马尼亚出版社图书版权，扩大中国和罗马尼亚图书在对方国家的市场份额。

（4）文化交流：组织中国出版界、学术界的文化交流活动，不断扩大中国文化、中国学术在罗马尼亚及其周边国家和地区的影响力。

人大出版社与罗马尼亚出版机构、图书发行商、数字图书供应商保持长期、良好的合作伙伴关系，这为人大出版社继续推进国际合作出版项目提供了坚实的基础和信心；在图书的发行渠道方面，有效利用当地发行网络和若干家垄断性的图书发行商，确保每一本图书都会高效地进入本土的主流图书销售渠道。人大出版社中国—罗马尼亚学术出版合作中心项目借助罗马尼亚成熟的发行渠道，能够将关于中国内容的图书投放到当地图书市场进行销售。

三、成果总结

（一）推动中国主题图书在罗马尼亚出版

目前，人大出版社与罗马尼亚考利特出版集团、鲁维科斯出版社集团、处女座出版社、罗马尼亚科学院出版社等出版机构建立了长期合作关系，已经签约 50 余种图书的版权输出协议。目前，已经出版的罗马尼亚语图书包括《大国的责任》《中国经济发展的轨迹》《新教育实验：为中国新教育探路》《礼乐文明与中国文化精神》《朱永新教育小语》等优秀学术著作 10 种。

（二）推动扩大中国作者在罗马尼亚的影响力

人大出版社出版的劳马作品《一个人的聚会》《幸福百分百》两部小说罗马尼亚文版在罗出版发行，并获得罗马尼亚作家协会颁发的"杰出散文奖"，劳马是迄今为止唯一获得此奖项的中国作家。受罗马尼亚作家协会翻译处处长皮特·斯拉格尔的邀请，2018 年 4 月 23 日至 2018 年 4 月 27 日，作家劳马、人大出版社代表团访问罗马尼亚布加勒斯特大学孔子学院、罗马尼亚国家文学博物馆并参加系列文化活动。

2018 年 4 月 24 日，作家劳马以及劳马作品的中文出版方——人大出版社副总编辑徐莉等受邀赴布加勒斯特参加颁奖仪式。颁奖仪式在布加勒斯特大学孔子学院隆重举行，罗马尼亚作家协会翻译处处长皮特·斯拉格尔、中国驻罗马尼亚大使馆教育组负责人夏磊、布加勒斯特大学孔子学院外方院长白罗米、中方院长董京波出席颁奖仪式，《一个人的聚会》《幸福百分百》两部小说的罗马尼亚文版的编辑、校对、插画师以及布加勒斯特大学孔子学院师生、文学爱好者共 50 余人参加活动。

本次交流活动使罗马尼亚读者加深了对中国文学的了解，促进国外读者从更加多元、更加直观的角度认识中国、了解中国。

（三）通过图书宣传推介活动促进两国文化交流

在中国—罗马尼亚学术出版合作中心设立之后的几年中，人大出版社寻求各种机会，致力于扩大中国图书与学者在罗马尼亚的影响力，促进两国文化交流。

2018 年 8 月 22 日，人大出版社与罗马尼亚文化院在北京国际图书博览会上举行了《罗马尼亚史》《你是一条龙》新书发布会。中宣部对外推广局张正岩处长，罗马尼亚文化院副院长乔治·米瑞尔·塔洛斯，《你是一条龙》诗集作者皮特·斯拉格尔，时任中罗友好协会常务副会长、原中国驻罗马尼亚大使馆政务参赞、原中国驻康斯坦察总领事王铁山，时任北京罗马尼亚文化中心主任鲁博安，人大出版社社长李永强等共同为新书揭幕。这两本书就是人大出版社与罗马尼亚文化院合作成立的中国—罗马尼亚学术出版合作中心的出版成果。

2019 年 7 月 5 日，人大出版社与罗马尼亚文化院共同举办中国—罗马尼亚学术出版合作中心成果发布会暨"一带一路"共建国家出版合作体新成员授牌仪式。本次活动是庆祝中罗建交 70 周年的重要人文交流活动，由国家新闻出版署指导，人大出版社与罗马尼亚文化院共同举办。时任中宣部副部长孙志军、罗马尼亚文化院执行副主席塔洛什、中国驻罗马尼亚大使姜瑜、中国人民大学副校长杜鹏以及中罗出版界、学术文化界等近百人参加活动。人大出版社社长、"一带一路"共建国家出版合作体理事长李永强主持介绍出席嘉宾。在中罗嘉宾的共同见证下，会议现场发布了中文版《罗马尼亚史》

2018 年 8 月，《罗马尼亚史》《你是一条龙》新书发布会新书揭幕

和罗马尼亚文版《大国的责任》等多部中国—罗马尼亚学术出版合作中心成果的图书，人大出版社、考利特出版社和鲁维科斯出版社共同签署了"习近平新时代中国特色社会主义思想"研究系列等图书罗马尼亚文版合作出版协议。罗马尼亚文化院、罗马尼亚作家协会、罗马尼亚版权委员会、考利特出版社和鲁维科斯出版社等 5 家罗马尼亚文化出版机构正式加入"一带一路"共建国家出版合作体。活动期间还展出了百余种中国内容图书，有中国国家主席习近平重要著作、新中国成立 70 周年和改革开放 40 周年图书、人文社科学术著作、中国传统文化图书以及"一带一路"主题图书英文版和罗马尼亚文版，受到与会嘉宾与读者的喜爱。

为庆祝新中国成立 70 周年、中罗建交 70 周年，人大出版社代表团于 2019 年 11 月出访罗马尼亚，围绕阅读中国、庆祝新中国成立 70 周年和中罗建交 70 周年等主题举办了系列活动。在此期间，人大出版社代表团开展了中国图书阅读推广和中国传统文化体验活动，策划和参加了高迪亚姆斯国际书展、"一带一路"框架下的中罗出版合作暨中罗出版人座谈会和中罗学者谈新中国成立 70 周年座谈会等系列活动，引起了中罗两国政府、文化机构、出版机构以及各国友好人士的广泛参与和关注。高迪亚姆斯国际书展创办于 1994 年，由罗马尼亚国家广播电台主办，目前是罗马尼亚规模最大的书展，也是中东欧地区具有较大影响的国际书展。人大出版社此次作为参展成员，携带中国国家主席习近平重要著作、中国主题图书、中国精品学术图书、中国经典文学作品、汉语学习教材教辅和工具书、优秀儿童读物等共计 300 余种，其中中国国家主席习近平图书设专架展示。参展图书语言主要为罗马尼亚语和英语，辅以少量中文图书。

2019 年 7 月，人大出版社与罗马尼亚文化院共同举办中国—罗马尼亚学术出版合作中心成果发布会暨"一带一路"共建国家出版合作体新成员授牌仪式

2021 年 6 月，《中国经济发展的轨迹》罗马尼亚文版新书发布会在罗马尼亚的克卢日-纳波卡市特兰西瓦尼亚民俗博物馆举办。这次活动由罗马尼亚华人之家克卢日分会和人大出版社共同举办。本次发布会上，特兰西瓦尼亚民俗博物馆馆长都铎·萨拉根、中国驻罗马尼亚大使馆文化参赞赵丽、参议院外交政策委员会秘书克里斯蒂安·博尔迪、克卢日市议会副主席瓦卡尔·伊斯特万、罗马尼亚华人之家执行董事爱卡特琳娜·瓦尼亚、罗马尼亚华人之家俱乐部分会会长马吕斯·博尔巴、中国—罗马尼亚经济文化交流中心友好协会会长伊利·克里斯特斯库，以及罗中友好经济文化交流协会副会长阿德里安·丹尼尔·卢皮亚努等嘉宾参加会议并发言，对《中国经济发展的轨迹》的学术价值和实践意义给予高度评价。鲁贝安先生代表作者和译者向特兰西瓦尼亚民俗博物馆赠送图书，作为永久馆藏。

四、未来展望

未来，人大出版社将继续努力，不断提高中国—罗马尼亚学术出版合作中心在两国的影响力，使其成为习近平新时代中国特色社会主义思想在罗马尼亚乃至欧洲传播的前沿阵地，在罗马尼亚签约、出版"读懂新时代"等一批宣介习近平新时代中国特色社会主义思想的图书成为中国学术、中国学者，尤其是中国人民大学学术和学者在罗马尼亚传播的重要阵地，依靠人大出版社丰富的版权输出经验和学术资源，进一步输出优秀图书，提高中国学者，尤其是中国人民大学学者在海外的影响力。凭借罗马尼亚成熟的发行渠道，让中国图书真正地进入当地的图书市场与图书馆，成为大学出版海外出版分支机构的重要示范。多年的努力让中国—罗马尼亚学术出版合作中心项目不断地成长，也为后续中国其他出版单位分支机构的落成开拓了道路。

撰稿：中国人民大学 刘叶华、刘梦佳

【中国人民大学出版社简介】

中国人民大学出版社（China Renmin University Press）成立于 1955 年，是新中国成立后的第一家大学出版社，是图书、期刊、音像、电子、网络出版物等多种媒体兼营的大型综合型出版社。先进的出版理念和独特的产品特色造就了人大社的品牌价值，使得人大社在取得突出成果的同时也得到了国家有关部门和社会各界的认可。人大社的出版物荣获"中国图书奖""国家图书奖""中华优秀出版物奖""中国出版政府奖"等国家级图书奖项以及省部级以上奖项 500 余种，在全国出版社中名列前茅。

21 世纪以来，人大社以主题出版和高端学术出版为核心产品发展战略，与"三个顶尖"（即全球顶尖、行业顶尖和所在国顶尖）出版机构合作建立战略合作伙伴关系，不断地把中国学术和中国学者推向国际舞台。目前，累计输出版权 3 000 多种，涉及 40 多个语种，与世界上 60 多个国家和地区的千余家出版机构开展合作，60% 输出到"一带一路"沿线国家。人大社在以色列、蒙古、罗马尼亚、意大利和哈萨克斯坦建立了分支机构，正在筹划在委内瑞拉建立分支机构，实施海外图书出版本土化战略。在中宣部下辖"中国图书对外推广计划"单体出版社综合排名中连续 11 届名列前茅，取得七个第一、四个第二的优异成绩，连续九届入选国家文化出口重点企业。

2017 年 8 月，在中宣部、原新闻出版广电总局、教育部支持下，中国人民大学出版社发起成立"一带一路"学术出版联盟。2019 年 3 月，联盟在中宣部的指导下更名为"一带一路"共建国家出版合作体，秘书处设于中国人民大学出版社，并列入第二届"一带一路"国际合作高峰论坛成果清单。截至目前，合作体共有来自 56 个国家和地区的 300 余家成员单位，其中国外成员单位 200 余家，几乎涵盖了"一带一路"沿线国家，覆盖了五大洲各大领域，成员单位类别涵盖出版商、学术机构和专业团体，出版类别涉及人文社会科学和自然科学领域的众多方面。合作体以"传播优秀文化、弘扬丝路文明"为宗旨，致力于搭建互学互鉴、互利共赢的合作平台，积极促进成员间作者、翻译、营销、版权信息、教育培训等资源共享。

艺术无国界，架起学术交流和
民心相通的艺术桥梁
——浙江音乐学院"中国—中东欧国家
音乐院校联盟"建设实践

引言

浙江音乐学院（以下简称浙音）是教育部批准成立的公办全日制普通高校，是一所独立设置本科艺术院校，由浙江省人民政府举办、浙江省文化和旅游厅主管、文化和旅游部与浙江省政府共建，业务上接受省教育厅指导。学科特点与行政隶属关系赋予了学校既有作为高等院校的基本职能，也有承担传承优秀文化并开展国际交流和推广的职责。浙音"中国—中东欧国家音乐院校联盟"的建设契合了教育合作与文化交流的有机交融，与建设高水平一流音乐学院进程中积极拓展国际学术交流与合作这一战略举措相吻合，在助推我国与中东欧地区"一带一路"沿线国家的艺术交流和文明互鉴方面提供了一个优质平台。

一、合作背景

中国—中东欧国家合作自 2012 年成立以来，聚焦务实合作，已建立起以领导人会晤机制为引领，涵盖经贸、教育、文化、旅游、科技、卫生等多领域的合作架构，至今已相继发表了《中国关于促进与中东欧国家友好合作的十二项举措》《中国—中东欧国家合作布加勒斯特纲要》《中国—中东欧国家合作贝尔格莱德纲要》《中国—中东欧国家合作苏州纲要》《中国—中东欧国家合作里加纲要》《中国—中东欧国家合作布达佩斯纲要》《中国—中东欧国家合作索非亚纲要》《中国—中东欧国家合作杜布罗夫尼克纲要》《中国—中东欧国家合作北京活动计划》等重要文件，推动了合作快速发展。在此背景下，中国—中东欧国家文化合作部长论坛（简称文化合作部长论坛）应运而生，首届论坛于 2013 年 5 月在北京举办，每两年举办一届，邀请各国文化部长出席，是统领和指导中国—中东欧国家文化合作的重要平台。第二届文化合作部长论坛于 2015 年 11 月在保加利亚首都索非亚举办。

2017 年 9 月，第三届文化合作部长论坛在杭州举办，由中华人民共和国文化部（现文化和旅游部）与浙江省人民政府共同主办，其间安排半天行程参访浙音。借此机会，浙音主动谋划、设计载体、自搭平台，举办首届中国—中东欧国家音乐学院院长论坛，积极推动与中东欧国家音乐院校的学术交流和文化合作。9 月 23 日，"中国—中东欧国家音乐院校联盟"（以下简称联盟）成立，浙音与来自中东欧国家的 15 所音乐院校作为创始单位签署了成立宣言，联盟秘书处设在浙音。时任中国文化部部长雒树刚和中东欧 16 国负责文化事务的部长和部长代表，欧盟代表团等政府官员见证了成立仪式，仪式上还为中国—中东欧国家艺术创作与研究中心（以下简称中心）揭牌。

2017 年 9 月，中国—中东欧国家音乐院校联盟在浙音成立

二、发展历程

近年来，依托"联盟"和"中心"，作为秘书处单位的浙音推出了一系列举措，以推进与中东欧国家相关院校在教育和文化上的交流与合作，两个层面都得到良好发展，助力学校人才培养质量和办学国际化水平的提升。

（一）与部长论坛同步举办院长论坛，定期商议联盟发展方向

文化合作部长论坛作为中国与中东欧国家之间级别最高的多边文化活动，每两年举办一次。期间，由文化合作部长论坛举办国所在的联盟成员院校负责承办音乐学院院长论坛，这既构成了部长论坛的配套活动，也可及时获取部长论坛的合作信息，并融入下

首届中国—中东欧国家音乐学院院长论坛在浙音开幕

一阶段联盟合作规划中。在回顾两年来联盟工作的基础上，各院校参会代表就未来两年内拟开展的教育合作项目进行探讨，并商量接纳新成员。鉴于希腊于 2019 年 4 月加入中国—中东欧国家合作机制，2019 年 11 月的斯科普里会议讨论通过了接纳亚里士多德大学音乐学院为新成员，会议期间北马其顿总统斯特沃·彭达罗夫斯基亲切接见了浙音院长王瑞等出席中国—中东欧国家音乐学院院长论坛的代表并与之进行了友好会谈；2021 年的线上会议一致同意深化联盟院校间的人才培养合作，加强科研与创作项目合作，联合打造国际音乐艺术品牌，并决定于 2022 年举办中国—中东欧国家音乐院校联盟室内乐创作比赛以及中国—中东欧国家音乐院校联盟音乐节。

（二）积极"请进来"，密切成员单位间的纽带联系

浙音承办了文化和旅游部委托的系列高水平交流项目。为期三周的中东欧国家作曲家访华采风项目于 2018 年 5—6 月举行，来自 16 个中东欧国家的 27 位作曲家受邀参加了本次活动。2018 年 10 月，中东欧国家 11 位知名歌剧节艺术总监来华交流访问两周，促进了我国与中东欧歌剧界的相互了解。另外，根据双边或多边交流需要，浙音自行邀请中东欧各国艺术团、音乐家、舞蹈家来校交流演出或联合创作。2018 年浙音邀请了捷克布尔诺亚纳切克音乐与表演艺术学院作曲家 Ivo Medek 以及钢琴家 Sara 来校进行学术交流，波兰斯坦尼斯瓦夫·索维尼斯基爵士乐团来访并开展交流演出，贝尔格莱德艺术大学合唱团一行 30 人来访并联合举办塞尔维亚音乐周。2019 年是新中国成立 70 周年，也是我国与中东欧多国建交 70 周年，浙音重点开展与中东欧相关国家的文化艺术交流，最值得一提的是 10 月举办了中国—中东欧国家音乐舞蹈季，来自中东欧国家

的艺术家齐聚浙音，与中国艺术家共同举办了 43 场交流活动系列音乐会。这些项目在增进成员单位相互了解和密切成员间纽带联系的同时，也为中东欧的艺术家提供了一个展示艺术成果的机会。

（三）主动"走出去"，为师生提供高端的国际化艺术实践平台

编列年度专项预算，保证面向中东欧国家交流合作的出国经费。2018 年 6 月，浙音木管五重奏出访塞尔维亚和保加利亚，与联盟成员院校贝尔格莱德艺术大学、保加利亚索非亚国立音乐学院、新保加利亚大学三所院校进行了学术交流，塞尔维亚的《政治报》和保加利亚首都索非亚当地的音乐频道都做了精心报道。2018 年 7 月，浙音组派民族民间舞蹈团赴塞尔维亚和保加利亚开展交流演出，参加了"第 11 届塞尔维亚国际大学生民间舞蹈艺术节"和"第 21 届保加利亚国际民俗节"。2019 年 4 月，浙音现代舞团一行 18 人赴北马其顿参加斯科普里国际舞蹈节，在北马其顿国家剧院完美呈现了作品《序列》。演出获得了圆满成功，中国驻北马其顿大使、北马其顿总理文化顾问等700 余人观看了演出。《序列》由北马其顿著名舞蹈家 Risima 编舞，联盟院校北马其顿斯提普-戈采德尔切夫大学音乐学院院长 Kitanovski 作曲，浙音舞蹈系学生演出，是中国与北马其顿文化交流优秀成果的精彩展示。2019 年 5 月，国乐室内乐团赴中东欧开展文化交流，对"联盟"院校李斯特音乐学院和贝尔格莱德艺术大学进行了正式访问并进行了交流演出。2019 年 5 月，浙音青年钢琴教师一行人赴布拉索夫特兰西瓦尼亚大学和李斯特音乐学院开展文化演出和学术交流。这些活动进一步促进了对中东欧院校的了解，同时为师生提供了国际化的艺术实践机会。

2018 年 11 月，贝尔格莱德艺术大学合唱团访问浙音

（四）文化交流与教育项目相结合，助力教学内涵建设

与联盟院校在开展文化交流的同时，浙音紧密结合高等院校人才培养的基本职责，通过短期学术访问建立起联系。浙音至今已接收了 4 位联盟院校教师作为外教来校工作，同时与匈牙利、塞尔维亚、北马其顿、克罗地亚、波兰、斯洛文尼亚等相关院校都开展了实质性的学生交流培养项目，也接收了中东欧国家留学生来浙音交流学习。在教学方面，浙音不定期组织院校间交换人才培养方案，商谈科学设置课程。学校举办的音乐节和作曲比赛等重大赛事活动，邀请联盟院校专家学者担任评委甚至评委会主席，为双方专业领域的教授提供了学术交流和分享教学资源的机会。

（五）线上线下相结合，合作交流不断线

2021 年 10 月 28 日至 11 月 4 日，秘书处牵头筹办了第三届中国—中东欧国家音乐学院院长论坛暨音乐展演。这项活动既是贯彻落实中国国家主席习近平在 2021 年 2 月"中国—中东欧国家领导人峰会"上的主旨讲话重要精神，服务国家"一带一路"倡议在文化教育领域的深入实施，也是夯实"联盟"和"中心"内涵建设的一个重要活动。院长论坛采取线上形式，音乐展演则采取线上和线下相结合的形式。线下的爵士大乐队项目是在征集中东欧作曲家新作品的基础上，由浙音爵士乐团在杭州首演，并通过网络进行全球直播。另外，各院校积极为线上音乐展演录制并选送节目，集中呈现各国艺术院校的教学成果，通过各种平台开展了 5 场线上音乐会。活动取得了成功，得到了文旅部的表扬。2022 年，联盟秘书处筹划了室内乐创作比赛，要求作品的编制中至少包含一种中国民族乐器或创作者所在国的民族乐器，参赛作品必须是世界首演，并且是新创作的，这大大激发了参赛院校的创作热情。比赛取得了圆满成功，获奖作品首演音乐会在浙音举办。

2021 年 10 月 28 日，联盟爵士大乐队演出海报

三、成果总结

国之交在于民相亲，民相亲在于心相通。艺术无国界，音乐交流关乎民心相通，有助于增进国与国之间的理解和友谊，也为其他领域合作奠定民意基础。中东欧各国均是"一带一路"沿线重要国家，也是联系亚欧的纽带，是"一带一路"倡议的重要参与者。浙音与中东欧国家的艺术家有着践行艺术传承与融合、活跃艺术创作与诠释的共同夙愿，并希冀在世界范围内传播自己国家的文明。联盟架起了人文艺术交流与务实合作的桥梁，播下中国与中东欧国家文明互鉴的种子。

中东欧地区总体上高等教育发达、国民素质高，拥有一批世界知名的高水平音乐院校，有着深厚的音乐艺术积淀，音乐教育风格严谨。建于 1810 年的华沙肖邦音乐大学和建于 1872 年的李斯特音乐学院闻名世界，都培养出了一大批世界级音乐人才。捷克共和国的布尔诺亚纳切克音乐与表演艺术学院在音乐和戏剧方面的人才培养独树一帜。联盟的成立，搭建了中国与中东欧各国音乐院校在艺术教育方面的合作平台，并可机制化地开展校际联合培养项目，推进学校教育国际化进程。

四、未来展望

2022 年是中国—中东欧国家合作提出十周年，音乐院校联盟将以此为新契机，总结成立五年来的经验，谋划未来五年的合作领域和重点方向，深挖潜力，在教育和文化领域为国家间的合作机制建设注入新活力。

（一）完善交流机制，联合打造国际音乐艺术品牌

中东欧国家音乐风格多样，特色鲜明，在世界音乐领域占有一席高地。浙音在整合自身各方面资源和优势基础上，联合国内有意参与联盟共建的兄弟院校，继续探索并逐步完善与该地域音乐文化相适应的交流机制。

（二）创新合作方式，便利合作项目开展

各联盟院校在具体合作需求上会有所区别，更需采取灵活有效的方式开展合作，尤其是在借助数字技术上深入探索合作方式。

（三）深化人才培养和科研创作的合作

浙音将与匈牙利罗兰大学开展硕士层面的中外合作办学项目，面向联盟院校设立艺术研究和委约创作项目，将适时与联盟院校洽谈共建海外中国音乐研究中心，在助推人才培养质量的同时，服务文化"走出去"。

（四）发挥"联盟"建设的溢出效应，扩大"联盟"影响力

线上音乐会项目除了在各院校内部交流展演外，可安排在其他受众面更大的平台上展播，共同打造线下联合演出项目并推向市场。

撰稿：浙江音乐学院 吴昌提

【浙江音乐学院简介】

浙江音乐学院（Zhejiang Conservatory of Music）是教育部批准成立的公办全日制普通高校，坐落于杭州市西湖区，校园环境优美，设施一流。学校设有音乐与舞蹈学、艺术学理论、戏剧与影视学等3个一级学科；共设8个专业，其中音乐学、音乐表演、作曲与作曲技术理论、舞蹈学、表演等5个专业为国家级一流本科专业建设点，舞蹈表演、舞蹈编导、艺术与科技等3个专业为省级一流本科专业建设点，"双万计划"一流专业全覆盖。学校设有数字音乐智能处理技术文化和旅游部重点实验室、数字音乐浙江省工程研究中心、浙江文艺创研中心等省部级科研机构和高等音乐教育研究所、戏剧学研究所、音乐学研究所、舞蹈学研究所、艺术与文化管理高等研究院、音乐文化研究院等校级科研平台，以及乐队学院、民族乐队学院、歌剧学院、室内乐学院和合唱学院5个新型表演学科教学平台。学校建有交响乐团、国乐团、合唱团等高水平艺术实践团体，设有《音乐文化研究》学刊编辑部。学校与英国皇家北方音乐学院、匈牙利李斯特音乐学院、意大利米兰音乐学院等多所国际著名院校签订校际战略合作协议，并作为主席单位成立了中国—中东欧国家音乐院校联盟，积极开展国际交流与合作。作为一所现代化的音乐艺术大学，浙江音乐学院以"高水平一流音乐学院"为目标，立足高起点规划、高标准建设和高水平办学，后发优势明显。

【合作单位简介】

国家	院校
阿尔巴尼亚	阿尔巴尼亚艺术大学 Albanian University of Arts
保加利亚	新保加利亚大学 New Bulgarian University
黑山	黑山大学 University of Montenegro
捷克	布尔诺亚纳切克音乐与表演艺术学院 Janáček Academy of Music and Performing Arts
克罗地亚	萨格勒布大学 University of Zagreb

续表

国家	院校
罗马尼亚	国立布加勒斯特音乐学院 National University of Music Bucharest
塞尔维亚	贝尔格莱德艺术大学 University of Arts in Belgrade
斯洛伐克	布拉迪斯拉发国立音乐学院 Bratislava State Conservatory
斯洛文尼亚	卢布尔雅那大学 The University of Ljubljana
匈牙利	李斯特音乐学院 The Liszt Ferenc Academy of Music
波兰	华沙肖邦音乐大学 Frederic Chopin University of Music
北马其顿	戈采·德尔切夫大学 Goce Delchev University in Shtip
希腊	亚里士多德大学 Aristotle University of Thessaloniki

增进共识，共育跨文化复合型人才

——上海对外经贸大学与中东欧四国六所高校搭建多边教育合作平台

引言

自 20 世纪 50 年代起，中国与中东欧国家一直保持高水平的政治、经济、文化领域的互动与交往。20 世纪末，中东欧国家高校为了融入欧洲教育一体化体系，纷纷加入博洛尼亚进程，实现了高等教育在欧洲范围内的国际化。进入 21 世纪以来，随着中国经济的快速发展和中东欧国家自身经济与社会的转型，以及"一带一路"倡议的推动，中国与中东欧国家的交往有了新的起点，拓展了更多领域，也迎来了新的愿景，高等教育方面的合作内涵也发生了深刻变化。

中国国家主席习近平指出：国之交在于民相亲，民相亲在于心相通。教育交流是民心相交的桥梁，人才培养是实现政策沟通、设施联通、贸易畅通、资金融通的有力支撑。教育部出台的《推动共建"一带一路"教育行动》，致力于推进中国与"一带一路"沿线国家的教育政策沟通、教育合作渠道畅通、语言互通、学历学位认证标准连通。与之呼应，很多中东欧国家高校向中国高校开放了伊拉斯谟＋计划的国际化方案，借此实现师生双向互访与交换。不少中东欧国家的大学还通过签订校际合作协议，与中国大学合作共建孔子学院、共办相关专业、共享高级骨干师资、互派访问学者和交换生等，实现了更大范围的国际化合作。

一、合作背景

21 世纪伊始，为发展中国与世界各国的友好关系，增进世界人民对中国语言文化的理解，为各国汉语学习者提供方便、优良的学习条件，原中国国家对外汉语教学领导小组办公室（国家汉办）开始在世界上有需求、有条件的国家建设以开展汉语教学为主要活动内容的孔子学院。2004 年，全球首家孔子学院成立于韩国首尔。随后，欧洲第一所孔子学院——北欧孔子学院于 2004 年 11 月在斯德哥尔摩大学签约，2005 年 2 月在瑞典启动。2006 年 6 月，北京外国语大学与索非亚大学合作共建的保加利亚索非亚孔子学院成立，这是中东欧地区第一所孔子学院。

在孔子学院蓬勃发展的背景下，上海对外经贸大学在中东欧地区与斯洛文尼亚、克罗地亚、斯洛伐克、捷克的 6 所高校合作，设立了 3 所孔子学院和 8 家孔子课堂。参与合作的 6 所高校为：斯洛文尼亚卢布尔雅那大学（2009 年起）、克罗地亚萨格勒布大学（2010 年起）、斯洛文尼亚普利莫斯卡大学（2012 年起）、斯洛伐克考门斯基大学（2014 年起）、捷克布杰约维采商业技术学院（2016 年起）、斯洛伐克兹沃伦技术大学（2017 年起）。

为了更好地履行孔子学院的办学主体作用、进一步加强与外方院校的交流与合作、不断丰富孔子学院的发展内涵、提高孔子学院办学水平、努力为孔子学院所在地的国际中文教学和中外人文交流发挥更大的作用，截至 2020 年 6 月，上海对外经贸大学完成了孔子学院与孔子课堂的转隶工作，孔子学院及孔子课堂的办学品牌授权从原孔子学院总部转隶至中国国际中文教育基金会，中外高校开始在新的契机下探寻并拓展校际合作的新模式。

二、发展历程

2009 年 8 月，上海对外经贸大学与卢布尔雅那大学签订校际合作框架协议，共建卢布尔雅那大学孔子学院，拟发挥两校优势，将卢布尔雅那大学孔子学院建设为全球第三家以商务为特色的孔子学院。斯洛文尼亚著名政治家、曾两度担任斯洛文尼亚财政部长的杜尚教授出任卢布尔雅那大学孔子学院第一任理事会主席。他曾历任卢布尔雅那大学董事会主席、卢布尔雅那大学经济学院院长、AACSB（Association to Advance Collegiate Schools of Business）初始认证委员会和欧洲咨询委员会成员。

卢布尔雅那大学孔子学院揭牌后，与上海对外经贸大学互派访问学者、交换学生、夏令营学员，合作共建中东欧研究中心，组织教育访问团，拓展与中国多所著名大学的合作。杜尚教授本人也被聘为同济大学 AACSB 认证顾问，辅助同济大学经管学院获得了 AACSB 精英商学院认证。他还应邀为中山大学管理学院开设管理学杰出学者讲座，受聘为北京理工大学管理与经济学院发展战略咨询委员会委员。通过卢布尔雅那大学孔子学院搭桥，这位此前与中国从未谋面的斯洛文尼亚政治家自 2009 年以来一直活跃在中国高等教育界，为中国—中东欧国家教育发展合作做出了重大贡献。

2010 年 5 月，在观摩了卢布尔雅那大学孔子学院揭牌仪式后，萨格勒布大学开始了与上海对外经贸大学长达两年的磋商，签订了合作共建萨格勒布大学孔子学院协议。2012 年 5 月 19 日，时任中国全国人大常委会委员长吴邦国和克罗地亚议长什普雷姆一起，为萨格勒布大学孔子学院揭牌，吴邦国委员长为萨格勒布大学孔子学院亲笔题词："中国克罗地亚人民友谊万古长青"。

2014 年 5 月，萨格勒布大学孔子学院三喜盈门：一是学院成立两周年；二是中国与中东欧国家孔子学院院长、汉学家代表座谈会在萨格勒布举行；三是正在克罗地亚访问的时任中国国务院副总理刘延东出席了周年庆典及座谈会并发表讲话。时任中国教育部部长袁贵仁及国家汉办主任许琳等领导也与中克人士齐聚一堂，共同见证萨格勒布大学孔子学院的发展历程，并探讨孔子学院在弘扬中华文化和促进人文交流方面所起到的独特作用。

　　通过萨格勒布大学孔子学院牵线，萨格勒布大学环境保护学教授莫拉伊与克罗地亚普利特维采湖群国家公园（又名"十六湖"）负责人多次前往中国世界自然遗产九寨沟考察，与中科院成都生物研究所合作成立了"中国—克罗地亚生物多样性和生态系统服务'一带一路'联合实验室"，将"一带一路"上中国九寨沟和克罗地亚十六湖这两颗美丽的"蓝宝石"串联起来，最终成立了中国—克罗地亚生物多样性和生态系统服务"一带一路"联合实验室九寨沟科研基地。

　　在斯洛文尼亚和克罗地亚两家孔子学院成功运营的推动下，斯洛伐克考门斯基大学开始与上海对外经贸大学合作，在众多汉学家支持下，其向原孔子学院总部申请成立一所研究型孔子学院。2014 年 9 月，中国孔子学院总部与斯洛伐克考门斯基大学签署关于建立孔子学院的协议，2015 年 10 月考门斯基大学孔子学院揭牌成立。考门斯基大学孔子学院突出研究型孔子学院特色，结合本土教师培养、中斯对照汉语语料库研发、基于语料库运用的汉语语法教学与中文翻译研究等，开展系列学术活动。当地时间 2019 年 5 月 1—4 日，考门斯基大学孔子学院隆重举办了"纪念五四运动一百周年国际学术研讨会"，大会受到海内外学术界高度重视，中国社会科学院语言研究所所长刘丹青教授、世界汉语教学学会副会长、欧洲汉语教学学会会长白乐桑教授、美国纽约圣若望大学金介甫教授、斯洛伐克著名汉学家高利克教授、英国纽卡斯尔大学林语堂研究专家汉学讲座教授钱锁桥等知名学者参会并做了主旨演讲。

2019 年 5 月，考门斯基大学孔子学院举办"纪念五四运动一百周年国际学术研讨会"

　　捷克也是上海对外经贸大学希望拓展教育合作的国家。自 2010 年起，上海对外经贸大学校领导多次出访布拉格经济大学，与该校实现了部分师生交流交换，但终未在合作共建孔子学院事宜上达成共识。2016 年，上海对外经贸大学与布杰约维采商业技术学院签署了校际合作协议，成立了布杰约维采商务技术学院开设中国中心，为该中心外派了 4 名汉语教师志愿者，开启了南捷克州国际中文教学项目。2020 年，布杰约维采商业技术学院孔子课堂获批设立。至此，上海对外经贸大学在中东欧 4 国设立了国际中文教育基地，拥有 3 所孔子学院和 1 所独立孔子课堂。

　　在 3 所孔子学院中，卢布尔雅那大学孔子学院先后下设了 5 个孔子课堂，考门斯基大学孔子学院下设了 2 个孔子课堂。7 个下设课堂中有 2 所设置在公立大学内，一所是斯洛文尼亚普利莫斯卡大学，另一所是斯洛伐克兹沃伦技术大学。普利莫斯卡大学与上海对外经贸大学的师生交流交换早在 2012 年就开始了。该校是继卢布尔雅那大学之后开设中文课程的第二所斯洛文尼亚公立大学。2014 年该校通过原孔子学院总部审批成为卢布尔雅那大学孔子学院下设的孔子课堂——科佩尔孔子课堂。位于斯洛伐克中部的兹沃伦技术大学自 2017 年起开设中文课程，2019 年通过原孔子学院总部审批成为考门斯基大学孔子学院下设孔子课堂，兹沃伦技术大学孔子课堂于 2020 年 1 月揭牌。

　　面对孔子学院转隶后的新契机，2021 年伊始，上海对外经贸大学联合各中东欧合作高校，依托原校际合作框架与合作基础，开启了合作共建中文相关专业的商谈。2021 年，上海对外经贸大学与考门斯基大学率先签署了《关于联合培养斯洛伐克本土中文师范补充硕士专业人才的合作协议》，迈出了中国—中东欧国家高校国际中文教育合作的第一步，该项目也作为上海对外经贸大学国际中文教育合作成果参加了"携手合作、共同发展——欧洲大学中文系（项目）负责人交流会"。2022 年，上海对外经贸大学结合双边专业特色及前期合作，进一步与斯洛文尼亚普利莫斯卡大学磋商合作共建"中文＋文化遗产"专业，与克罗地亚萨格勒布大学磋商合作共建中文专业，均取得了实质性进展。上海对外经贸大学国际中文教育学院将积极参与上述专业合作项目。

三、成果总结

　　上海对外经贸大学自 2009 年与斯洛文尼亚卢布尔雅那大学签订合作共建孔子学院协议起，至 2022 年先后与中东欧 4 国 6 所高校联手致力于搭建多边教育合作平台。这个平台为双方高校国际化复合型人才培养提供了优良条件，实现师生交换与实习 2 000 余人。

　　2018 年起，上海对外经贸大学成为国际中文教育专职教师储备学校之一，全体储备教师均在岗工作于上述各国高校，在特殊时期成为光荣的逆行者，有的教师坚守岗位 4 年没能回国探亲。上海对外经贸大学国际中文教育专业培养的 10 届毕业生里，1/3 曾在以上中东欧国家高校工作或实习过，对促进中外人文交流做出了应有的贡献。2022 年，上海对外经贸大学派往上述中东欧四国的公派教师、汉语教师志愿者、海外志愿者教师、中方院长等岗位已达到 60 个，接下来，多边教育合作平台将会有更大的发展。

2017 年 7 月，卢布尔雅那大学孔子学院学生在北京举办的中东欧国家
孔子学院夏令营开幕式上演唱中文歌曲《栀子花开》

2020 年 1 月，上海对外经贸大学汉语国际教育专业毕业生在考门斯基大学
孔子学院担任汉语教师志愿者

此外，双方在高端专门人才培养上也取得了相关成果。2016 年至今，上海对外经贸大学与斯洛文尼亚两所公立大学签订了联合培养博士研究生合作协议；与考门斯基大学签署了联合培养斯洛伐克本土中文师范补充硕士专业人才的合作协议。

基于上述合作的国别研究也取得了系列成果，"克罗地亚、斯洛文尼亚中文教育调查研究""斯洛文尼亚普利莫斯卡大学中文＋旅游与文化遗产人才培养研究""斯洛文尼亚卢布尔雅那大学中文＋国际商务人才培养研究""克罗地亚萨格勒布大学中文＋旅游人才培养研究项目"4个中东欧地区国别研究项目获得教育部中外语言交流合作中心批准成为2021年度国别中文教育资助项目；"'一带一路'沿线中东欧地区本土旅游汉语人才培养"获得教育部中外语言交流合作中心2020年度国际中文教育重点项目资助；上海对外经贸大学与斯洛伐克考门斯基大学中文教育合作成果入选教育部中外语言交流合作中心2021年度"携手合作、共同发展——欧洲大学中文系（项目）负责人交流会"成果分享；上海对外经贸大学教研人员与斯洛文尼亚卢布尔雅那大学、普利莫斯卡大学和斯洛伐克考门斯基大学教师共同编写的多语种本土汉语教材及教学参考书于2021年由两校签约授权斯洛伐克考门斯基大学文学院出版社出版，于2022年底出版发行纸质版及电子版。

四、未来展望

2021年底，斯洛文尼亚普利莫斯卡大学荣获联合国教科文组织"文化遗产"教席单位，旋即开始与上海对外经贸大学商讨联合创办"中文＋文化遗产"本科、硕士项目。目前，"中文＋文化遗产"本科、硕士教学计划已经初步获得普利莫斯卡大学批准，两校已开始就联合培养方案进入实质性商谈，此合作项目将于秋季报请双方学校管理层审批，并向我国教育部中外语言交流合作中心申请立项支持。

克罗地亚萨格勒布大学已向斯洛伐克考门斯基大学相关项目负责人发出交流学习邀请，希望借鉴联合培养斯洛伐克本土中文师范补充硕士专业人才的经验。克罗地亚萨格勒布大学中文教育项目已经开办20年了，与上海对外经贸大学合作建立的孔子学院今年也在庆祝建院10周年了，但是中文专业及本土中文人才的培养机制一直不够完善。萨格勒布大学希望从考门斯基大学取经，尽快推动落实中文专业与中文师范专业的建设。

上海对外经贸大学在斯洛文尼亚卢布尔雅那大学开启的中文＋国际商务人才培养，在斯洛伐克兹沃伦技术大学开拓的中文＋农林技术人才培养，在捷克布杰约维采商业技术学院拓展的中文＋国际经贸人才培养等项目也正在夯实、拓展和规划之中。我们相信，下一个10年，到中国—中东欧国家合作机制建立20周年时，上海对外经贸大学与中东欧地区高校的多边教育合作平台一定会取得更加令人瞩目的合作成果。

撰稿：上海对外经贸大学　叶蓉、郭雅婧

【上海对外经贸大学简介】

上海对外经贸大学（Shanghai University of International Business and Economics），前

身是上海对外贸易学院，创建于 1960 年，是原国家对外贸易部最早设置的两所本科高校之一，被誉为"中国对外经贸人才的摇篮"。1994 年，学校划归上海市人民政府管理；2009 年，入选世界首批、中国首家世界贸易组织（WTO）讲席；2013 年，更名为上海对外经贸大学；2019 年，获得 WTO 亚太培训中心资格，成为 WTO 在中国内地设立的唯一区域培训合作伙伴；2022 年，跻身上海市重点建设的高水平地方高校行列。学校不断拓展对外交流合作网络，是中国政府奖学金生和上海市政府奖学金生接收院校，与全球 100 多个国家和地区、国际组织和境外伙伴缔结合作交流协议，联合开展人才培养、科学研究和社会服务。在"一带一路"重点区域开设孔子学院、孔子课堂，与卢布尔雅那大学合作建设的孔子学院获得"全球先进孔子学院"称号。

【合作单位简介】

1. 卢布尔雅那大学（University of Ljubljana）

卢布尔雅那大学是斯洛文尼亚历史最悠久、规模最大的大学之一，目前已跻身全球前 3% 的著名院校行列；年均就读学生人数约 4~6 万名。卢布尔雅那大学下设 23 个学院和 3 个艺术专科院校，涵盖了社会科学、人文科学、自然科学、医学、技术、艺术、运动等领域。经济学院是卢布尔雅那大学的创始学院之一，也是商业和经济领域公认的国际性研究和教学机构，享有国际精英商学院三大认证资质（AMBA、AASCB、EQUIS）。每年有许多国际生入读经济学院，自 2000 年开始举办的国际夏令营已有 20 多年的历史。卢布尔雅那大学文学院东亚学系于 1995 年创立，具有本硕博学位授予权。

2. 萨格勒布大学（University of Zagreb）

萨格勒布大学始建于 1669 年，是东南欧历史最悠久，规模最大的大学之一。作为一所综合性的公立中东欧大学，萨格勒布大学提供艺术、生物医学、生物技术、工程、人文科学、自然科学和社会科学各领域的教育与研究类课程。萨格勒布大学下设 29 个学院、3 个艺术学院和克罗地亚研究中心，有超过 7 000 名教师和 70 000 名学生。萨格勒布大学人文和社会科学学院是克罗地亚最大的人文科学高等教育机构之一。

萨格勒布大学在教学和科研方面成果丰富，对克罗地亚的年度研究成果和克罗地亚所有大学的科学生产力的贡献率超过 50%。萨格勒布大学未来发展的核心战略是成为一所高质量的教学与研究型机构。因此，大学发展的重点将放在硕士和博士课程上，特别是包括所有科学和艺术领域的跨学科以及转化研究，培养创新文化和知识转移，从而在地方和区域层面实现更好的部门间协调。

3. 普利莫斯卡大学（University of Primorska）

普利莫斯卡大学的成立历史可以追溯至 100 多年前。经过漫长的设想和发展，随着斯洛文尼亚科学研究中心、人文学院等的设立，2003 年普利莫斯卡大学正式落成，目前设有 6 个学院，其中人文学院成立于 2000 年，是普利莫斯卡大学三所创建学院之一。人文学院下设专业涵盖本科和研究生阶段，在社会科学和人文领域提供专业的研究与教学。2021 年，该校人文学院文化遗产专业获得联合国教科文组织为加强综合文化遗产阐释而设立的解读与教育教席认证，跻身该专业领域全球优秀学科之列。

4. 考门斯基大学（Comenius University in Bratislava）

考门斯基大学是斯洛伐克历史上最为悠久、规模最大的综合性大学之一，成立于1919年，其前身是匈牙利国王于1465年颁布法令成立的伊斯的利亚半岛学院。考门斯基大学在国际科学界享有广泛的声誉，教学质量举世公认。考门斯基大学院系设置全面，有电子工程及信息技术学院、语言及预科学院、医学院、管理学院、自然科学学院、经济学院、科技学院等在内的13个学院，科研教学能力极强。文学院是考门斯基大学的三个创始学院之一，下设涵盖本科、研究生和博士阶段的多个专业、不同项目，目前有3 000多名学生就读于70多个专业项目。文学院十分注重国际交流与合作，除多门英语授课外，下设全英文教学项目——中欧研究，为本科专业。1988年，文学院东亚语言文化研究系由著名汉学家、布拉格汉学学派传人、洪堡研究奖学者、斯洛伐克科学院院士高利克教授创立，至今活跃于斯洛伐克汉语翻译界及汉学研究界的中青年专家多为该专业毕业生。

5. 布杰约维采商务技术学院（Institute of Technology and Business in České Budějovice）

布杰约维采商务技术学院成立于2006年，已获得多个奖项，特别是在机械工程，物流运输、建筑和经济学等方面的专业获得了学生和社会的广泛认可。目前在校学生约有4 000余名。学校为学生提供了较多国际交流机会和就业实习机会。

6. 兹沃伦技术大学（Technical University of Zvolen）

兹沃伦技术大学是世界上最早的技术类高等教育机构之一，该校的起源与1762年在班斯卡什佳夫尼察建立采矿学院有关。1992年相关教学机构正式定名为"兹沃伦技术大学"。目前学校下设专业涵盖本科、研究生和博士三个阶段，除社会科学外，还包括林业、生态学、环境科学、管理学等专业以及相关跨学科专业。

优秀人才培育的涟漪效应

——东华大学与诺维萨德大学合作实践

引言

留学生教育是学校"双一流"学科建设、国际化建设的重要组成部分,一方面学校要保障和促进留学生教育健康有序发展,另一方面,来华留学的各国学生也可以为促进中外友好合作交流做出积极贡献。来华留学生人才不仅有熟悉本国情况的优势,而且受政治、法律、文化等各方面因素的影响,在有些情况下发挥的作用是我国人才所不可替代的。同时,来华留学生发挥着文化交流和友谊使者的作用,是民心相通的重要渠道。在"一带一路"倡议的大背景下,来华留学生可以促进中外教育合作、人文交流、智库合作等工作,成为有效推动教育对外开放新格局的生力军。

一、合作背景

东华大学与塞尔维亚诺维萨德大学(University of Novi Sad)的合作可追溯到2006年。诺维萨德大学经济学院两位优秀的硕士毕业生——Marko Ljubicic 和 Nikola Zivlak,获得了学校的推荐,可以选择去美国或中国留学,继续攻读博士学位。在学校领导和美国归国青年教师 Bojon Lalic 博士的推荐下,他们最终选择前往中国上海的东华大学攻读企业管理博士学位。

临行前,他们请诺维萨德市的一位老华侨帮忙起了中文名字。老华侨给近两米高的 Marko 取名为"灰鹰",而给一米八的 Nikola 取名为"山狮"。之后,灰鹰和山狮便结伴踏上了来华留学之旅。

在东华大学,他们选择了从意大利留学回国的旭日工商管理学院徐明教授作他们的导师。在徐教授的指导下,两位塞尔维亚博士生对中国老字号企业的产地传播属性和中国企业的创新管理机制着了迷。师生三人经常一起到上海、浙江和江苏等地的企业进行实地调研。丰富多彩的中国企业实践案例,成为二人深入钻研探索管理理论的重要论据。他们的博士论文受到答辩教授高度好评,而后成为学院海外留学生优秀研究成果的范例。

与此同时，二人在与企业人士交流的过程中，汉语水平也突飞猛进。博士毕业后，凭借着良好的学术素质、精湛的中英文水平与出色的工作能力，二人双双进入高校成为教师。不久后，山狮被法国里昂商学院聘为海外学院助理院长；灰鹰被塞尔维亚一家人工智能公司聘为国际市场总监，专门负责中国市场联络与拓展。

此后，追随灰鹰和山狮脚步的来华留学生越来越多，50 余名诺维萨德大学的学生选择东华大学继续攻读工程、设计、管理、人文等多个学科的硕士、博士学位，十余年来两校人才培养的合作成果也越来越丰硕。

二、发展历程

（一）人文交流

在灰鹰与山狮两位博士生积极协助下，徐明等多位东华大学教授多次赴塞尔维亚及诺维萨德大学访问、率队参加学术会议、担任客座教授等。2012 年 12 月，诺维萨德大学校长代表团访问东华大学期间，双方签署了校际合作协议。两校之间学术合作与人文交流进一步深化。

2012 年 12 月，双方签署校际合作协议

2012 年 12 月，时任诺维萨德大学校长 Miroslav Veskovic（前排右四）一行访问东华大学（前排左四为东华大学校长俞建勇，后排左一为灰鹰，后排左四为山狮）

东华大学与诺维萨德大学签署学术和研究合作谅解备忘录

2021 年 10 月，东华大学 70 周年校庆之际，诺维萨德大学校长 Dejan Madic 教授特地发来祝福视频

　　徐明教授与诺维萨德大学"一带一路"研究所所长 Bojon Lalic 博士达成合作，组织中国师生暑期赴塞尔维亚游学。2015 年春季学期开始，两校开展暑期游学项目。18 天的课程包括诺维萨德大学教授授课加实地考察，学生考察了塞尔维亚与周边国家，包括匈牙利的塞格德大学、威克勒商学院、奥地利维也纳大学和格拉茨技术大学四所高校。学生在欧洲六国行程中，实地探访了匈牙利英雄广场、渔人堡与链子桥，斯洛伐克的中世纪城堡，维也纳的美景宫、金色大厅，意大利海滨名城的里雅斯特、威尼斯的冈朵拉和斯洛文尼最古老的葡萄树等。学生既看到了巴拉顿湖，也参观了特斯拉博物馆、铁托纪念馆，还参观了贝尔格莱德航空博物馆，并在中国驻南联盟被炸使馆旧址前缅怀先烈。

2015 年 7 月，塞尔维亚报纸 Dnevnik 对暑期课程的大篇幅报道

（二）学术交流

2012 年，诺维萨德大学校长代表团访问东华大学，双方签署了正式的校际合作协议。2018 年 12 月，诺维萨德大学作为执行委员会成员高校积极参与东华大学牵头成立的"一带一路"世界纺织大学联盟（World Textile University Alliance）。此后，东华大学与诺维萨德大学在纺织、设计、管理等多个学科开展了形式多样的学术交流与合作。

东华大学多次安排代表团参加诺维萨德大学主办的纺织科学与经济学术会议，与塞尔维亚及其他中东欧国家高校研讨关于纺织新材料、服装设计教育、电子商务人才培养等方面的合作可能性。在此基础上所开展的中国—塞尔维亚家用纺织品设计与电商复合型人才合作培养项目和服装可持续激光表面处理与设计创新研究项目均获批 2019 年度中国—中东欧国家高校联合教育项目。

作为中国教育国际交流协会重点资助的项目之一，徐明教授的中国—塞尔维亚家用纺织品设计与电商复合型人才培养项目得到江苏南通海门叠石桥国际家纺产业园区管理委员会的大力支持，双方达成为诺维萨德大学纺织品设计专业的学生来华提供纺织品花型设计实习的协议。诺维萨德大学纺织品设计老师 Stanislava Sindjelic 女士和 Milosavljevic Anita 女士专程来华访问，安排学生的实习工作。

原定于 2020 年实施的塞尔维亚设计师来华交流的项目受阻，但是相关的电商基本通路与物流渠道研究已经基本完成。接下来，此前设想的在塞尔维亚进行线上与线下协同的中国家用纺织品设计交流、电商人才培养及市场开拓等工作可以得到进一步推进。

（三）智库合作

在"一带一路"研究所、灰鹰和山狮的共同努力下，东华大学与中国教育国际交流协会合作，促成了在贝尔格莱德召开的中国—中东欧国家高校联合会第四次会议；之后又促成了时任中国科技部部长访问塞尔维亚科技部，推进了两国科技领域的高端合作。

更值得一提的是，诺维萨德大学的"一带一路"研究所不断发展壮大，受到了塞尔维亚政府的重视。2022 年塞尔维亚政府支持其列入政府智库及政府咨询机构名录，并更名为"'一带一路'研究院"，专门从事对华合作相关的研究，办公地点也从诺维萨德大学迁到贝尔格莱德。

三、成果总结

2020 年 12 月 9—11 日，东华大学线上举办了"2020 中国—中东欧可持续时尚国际研讨会"，得到包括诺维萨德大学在内的 4 个中东欧国家高校或学术单位协作支持。内容涵盖服装与纺织可持续、材料与技术、设计与市场 3 个板块，来自 20 多个国家和地区的 45 位专家和学者进行了主题演讲和分享，在线参会人员达千余人。

2022 年 2 月 18 日，"一带一路"研究院的首次智库学术交流会成功举办。东华大学副校长陈南梁教授出席会议并致辞。会议邀请了来自中国、俄罗斯、意大利、匈牙利、斯洛文尼亚、肯尼亚、哈萨克斯坦等多国专家，中国在塞尔维亚投资的三家主要公司（紫金矿业、玲珑轮胎、河钢集团）代表也参加会议并发言。与会者围绕"可持续的共同未来"（Sustainability of the Joint Future）的主题开展热烈讨论，畅谈"一带一路"合作意义与合作机会，并对当前的国际热点问题进行了交流。这次会议将该智库与东华大学"一带一路"研究中心的合作进一步推向深入，并将产出更多关于中塞及"一带一路"的智库研究成果。

2022 年 2 月，"一带一路"研究院山狮（左一）主持"一带一路"智库研讨会

2020 年 12 月，"2020 中国—中东欧可持续时尚国际研讨会"部分中外与会嘉宾

四、未来展望

国之交在于民相亲，而其中留学生的作用不可小觑。像灰鹰和山狮这样优秀的留学生，更是促进国家之间友谊的宝贵桥梁。而维持和发展这样的友谊、双方多层次的人文交往，也弥足珍贵。希望未来能够培养出更多像他们这样的留学生，为两国的教育合作、人文交流及高端智库建设做出更大贡献。

撰稿：东华大学 徐明、赵明炜、苑国祥

【东华大学简介】

东华大学（Donghua University）是教育部直属、国家"211 工程"、国家"双一流"建设高校。学校秉承"崇德博学、砺志尚实"的校训，不断开拓奋进，已发展成为以纺织、材料、设计为优势，特色鲜明的多科性、高水平大学。

学校大力推进新时期教育对外开放，对接国家"一带一路"重要倡议，联合 18 个国家、37 所纺织特色高校成立"一带一路"世界纺织大学联盟，与全球 150 多所高校建立合作关系。学校获批教育部"中非高校 20＋20 合作计划"，在肯尼亚莫伊大学建立世界首家纺织服装特色的莫伊大学孔子学院；与爱丁堡大学合作创办上海国际时尚创意学院，培养了国际一流时尚创意人才。

面向未来，东华大学将继续加快建设，努力实现"国内一流、国际有影响，有特色的高水平研究型大学"的奋斗目标。

【合作单位简介】

诺维萨德大学（University of Novi Sad）是塞尔维亚第二大公立大学，本部坐落于贝尔格莱德以北的塞尔维亚第二大城市诺维萨德。该校有 60 多年的建校历史，是中欧最大的教育和研究中心之一，有 14 个学院，50 000 多名学生，5 000 多名教职工。作为综合性大学，学校具有科学和高等教育领域的几乎所有学科。该校各院系及"跨学科和多学科研究中心"提供约 300 门获得欧盟认可的学习课程，包括学士、硕士和博士各层次；研究课程现代化，紧跟最新的科学与研究发展。除了各院系和"中心"外，学校的两所科学研究院也为该校教育的持续现代化进程创造了坚实的科学基础。诺维萨德大学是中国—中东欧国家高校联合会会员校之一，也是联合会中东欧方第二届秘书处。

志合者，不以山海为远

——长江大学与捷克合作结硕果开新篇

引言

教育对外开放是教育现代化的鲜明特征和重要推动力。近年来，我国众多高校拓展全球视野，坚持开放办学，秉承开放合作、共赢发展的原则，围绕中国—中东欧国家合作机制和"一带一路"教育行动计划，深入开展与中东欧国家教育合作，务实推动对外交流合作工作提质增效，学校的国际化办学水平和国际竞争力不断提升，合作成果丰硕。

2010年以来，长江大学与捷克赫拉德茨-克拉洛韦大学以学术为媒建立合作关系，通过组织校领导频繁互访、积极推进师生访问交流项目、共建联合科研平台、深入开展学术合作，共同承办捷克国家月主题活动等，不断拓展实质性合作交流形式，协同推进国际教育高质量内涵式发展，两校的合作关系日益密切，联合科研成果不断呈现，合作交流成果不断丰富。在2021年12月召开的中国—中东欧国家高校联合会第七次会议上，长江大学和赫拉德茨-克拉洛韦大学分别从学术交流、平台共建、师生互访、联合培养等方面详细介绍了深入开展教育合作的情况。参会代表普遍认为，两校的合作经验具有一定的借鉴意义。

一、合作背景

自现代大学的前身——中世纪大学建立之后，国际化就成为高等教育发展的一个显著特征。在全球化背景下，高等教育国际化趋势越来越明显，已成为衡量大学教育质量的重要标志，对于高校建设一流大学和一流学科也具有重要意义。

捷克地处"欧洲心脏"，是"一带一路"沿线国家中的重要支点国家，也是中国—中东欧国家合作的积极参与者。中捷两国的教育交往始于20世纪50年代中期。1957年，双方签订文化合作协定并开始互派留学生和学者。改革开放以来，中捷两国在教育领域中开展了更加广泛的交流与合作。1996年，两国教育主管部门正式签订教育交流协议，双方每年交换获政府奖学金学生，互派教师教授汉语和捷克语、从事短期研修与培训，互派教育考察团组。进入 21 世纪以来，中捷关系发展驶入快车道，两国教育合作蓬勃发展，中捷高校间的交流与合作日趋活跃，形成了以高层互访、师生互派、联合科研、研修访学等为主要形式的校际教育交流与合作，以及以孔子学院为代表的多元人文交流活动。

近年来，中捷两国在教育领域的合作平台不断拓展，高校间的创新互动稳步推进，教师和学生的双向交流逐渐扩大，教学与科研合作等方面取得长足发展，为推动中捷两国伙伴关系迈上新台阶、促进世界文明的交流互鉴树立了典范。

二、发展历程

（一）学术牵引，开启合作交流篇章

长江大学与赫拉德茨-克拉洛韦大学合作已逾 10 年。早在 2010 年，长江大学一名青年教师在欧洲读博期间，与赫拉德茨-克拉洛韦大学现任校长卡米尔·库卡教授建立了密切的学术和科研合作关系，就此开启了两校友好交流的篇章。近五年来，卡米尔·库卡教授 3 次率团共计 11 人次访问长江大学，长江大学校领导及代表也应邀 3 次率团共计 9 人次访问赫拉德茨-克拉洛韦大学。双方共同签署合作协议，深入开展交流访问、人才培养、师资队伍建设和联合科研平台建设，合作领域不断拓展，友好关系不断深入。

（二）项目驱动，校际合作落地生根

2016 年 9 月，赫拉德茨-克拉洛韦大学校长卡米尔·库卡教授受邀来长江大学执行湖北省教育厅"世界著名科学家来鄂讲学计划"项目，作了题为"Development of Novel Acetylcholinesterase Reactivators-Antidotes Against Nerve Agents"和"Development of Novel Drug Candidates for Alzheimer's Disease"的专题报告，并受聘为长江大学客座教授。

2017 年 10 月，卡米尔·库卡教授再次访问长江大学，做客"长江讲坛"，作生物医学学术前沿报告，探讨如何寻找经济且有效治疗阿尔茨海默病的药物。

2018 年，长江大学代表一行 6 人前往赫拉德茨-克拉洛韦大学进行交流访问并参加第 16 届"赫拉德茨经济日"系列活动，长江大学管理学院赵映川教授、经济学院凡启兵副教授在会上作了题为"Challenging Stress and Scientific Research Performance of Faculties in China"和"A Study on the Cultivation and Development of the Sixth Industry in Jingzhou"的主题报告。长江大学生命科学学院吴庆华教授、园艺园林学院吴强盛教授、经济学院韦鸿教授和管理学院周中林教授受聘为赫拉德茨-克拉洛韦大学客座教授。

2019 年开始，两校启动短期交换项目、春秋季交换生项目、暑期学校交流项目。近 5 年来，长江大学共有 6 批共计 36 名学生赴赫拉德茨-克拉洛韦大学参加"毒理学"

2017 年 10 月，赫拉德茨-克拉洛韦大学校长做客"长江讲坛"，解析新药研发的奥秘

2018 年 1 月，长江大学代表团参加第 16 届"赫拉德茨经济日"系列活动

项目和学习交流项目。

自 2020 年以来，两校云端会晤，创新国际交流形式，传递出始终坚持国际合作、共克时艰的积极态度。捷克赫拉德茨-克拉洛韦大学连续为长江大学实施免费在线交换生项目 6 项和暑期线上课程 2 项，开设捷克语、计算机科学、教育学、管理学、毒理学等方面的课程。2021 年，长江大学和赫拉德茨-克拉洛韦大学合作申报并获批欧盟伊拉斯谟＋计划，长江大学 3 名教师和 6 名研究生参加了该项目并开展交流学习和合作研究。

2019 年 7 月，长江大学学子参加赫拉德茨-克拉洛韦大学"毒理学"项目

（三）平台赋能，积极推进科技创新

2018 年 11 月，"长江大学—赫拉德茨-克拉洛韦大学（捷克）毒理学联合实验室"（以下简称毒理学联合实验室）正式成立，开启了两校强强联手深化科研合作的新征程，为进一步落实产学研合作提供了更好的交流平台。毒理学联合实验室主要开展免疫与毒性信号通路交联转导及相关基因和蛋白的功能研究、谷物食品中有毒物质毒素感染食品动物的分子毒理机制和代谢途径研究、缺氧与免疫逃避等分子机制研究，重点关注 JNK 和 STAT 通路，研究缺氧与免疫逃避等分子机制。此次联合实验室的挂牌，标志着双方在科研工作上的合作迈上了一个新的台阶。两校也希望通过优势互补、协同创新，产出更多高水平科技成果。

2018 年 11 月，长江大学—赫拉德茨-克拉洛韦大学毒理学联合实验室揭牌

三、成果总结

（一）联合攻关，科技成果不断呈现

2014 年以来，长江大学与赫拉德茨-克拉洛韦大学联合申报并获批国际合作项目 2 项，联合发表 SCI 论文 128 篇，其中，一区期刊论文 61 篇，二区期刊论文 27 篇，排名前 10% 期刊论文 29 篇，排名前 1% 期刊论文 6 篇。

卡米尔·库卡教授长期致力于军事毒理、药物设计剂和乙酰胆碱酯酶抑制剂在治疗阿尔茨海默病中的应用等研究。其团队相继研发了多种适用于治疗沙林等神经毒剂的新药，其中乙酰胆碱酯酶抵制剂还可应用于我国较常见的有机磷农药中毒。在抗肿瘤药物研究方面，团队提出了高热治疗等肿瘤治疗新策略；在抗阿尔茨海默病药物研究方面，团队设计了多种多靶向药物，为长江大学和赫拉德茨-克拉洛韦大学共同研究治疗阿尔茨海默病药物提供了科研方向。

经过两校联合实验室科研团队的不懈努力和探索，2021 年 5 月，长江大学—赫拉德茨-克拉洛韦大学毒理学联合实验室长江大学吴庆华教授课题组在影响因子为 21.56 的国际顶尖期刊 *Alzheimer's & Dementia：The Journal of the Alzheimer's Association* 在线发表了题为 "Hypothesis：JNK Signaling Is a Therapeutic Target of Neurodegenerative Diseases" 的科学假说文章。卡米尔·库卡教授担任共同第一作者，吴庆华教授为论文唯一通讯作者。该团队基于来自细胞和动物实验研究的大量数据，全面分析了 JNK 信号在神经退行性疾病发病机制中的作用机制，并提出假说：JNK 是治疗神经退行性疾病的潜在靶点。该假说的提出为研发阿尔茨海默病靶标药物、精准分子治疗该类疾病提供了新思路。同时，该文对于如何有效验证此假说与面临的挑战进行了深入分析，并提出可以把与人类具有更大遗传同源性的大型动物（如黑猩猩、猪）用于验证 JNK 是神经退行性疾病的潜在治疗靶点的假设。例如：可将 p-JNK，即磷酸化的 JNK，注射到老年黑猩猩的大脑皮层中，观察是否出现神经退行性疾病的病理特征；还可以利用 CRISPR 技术建立转基因猪或黑猩猩模型，进一步验证提出的假设。

（二）相互成就，团队建设稳步推进

在推进与赫拉德茨-克拉洛韦大学的合作中，一批青年学者快速成长起来，师资团队建设取得可喜进展。长江大学生命科学学院吴庆华博士逐步成长为教授、博士生导师，欧洲 Society of Mycotoxin Research 会员、国家自然科学基金网评专家、*Letters in Drug Design & Discovery* 编委，*Food and Chemical Toxicology*、*Toxins* 客座编委；他主持完成国家自然科学基金项目 2 项，公开发表 SCI 论文 60 余篇，文章他引 2 000 余次，4 篇论文入选 ESI 全球 1% 高被引论文。长江大学园艺园林学院吴强盛教授，共

发表论文 212 篇，总被引 4 443 次，H-index 为 36；2021 年和 2022 年连续入选爱思唯尔（Elsevier）榜单作物学学科中国高被引学者、世界排名前 2‰科学家、全球顶尖前 10 万科学家。赫拉德茨-克拉洛韦大学卡米尔·库卡以第一和通讯作者身份发表了 SCI 论文 400 余篇，文章他引 2 000 余次，H-index 为 44；公开出版学术专著 21 部；在国内与国际会议上作学术报告 150 余次，曾荣获捷克国防大学"院长成就奖"、捷克"Prize Czech Head"等多项奖励。联合实验室团队的成果在 *Alzheimer's & Dementia*、*Med Res Rev*、*Arch Toxicol* 等国际权威期刊公开发表，其中全球 ESI 1‰高被引论文 6 篇。

（三）携手共进，承担高级别国家月主题活动

2021 年 3 月，为加强中国与中东欧各国间信息共享、增强双方教育合作宣传力度，经教育部批准，中国教育国际交流协会启动了"中东欧国家月"主题活动，长江大学获批为 2021 年第一期每月主题活动的主要协调院校。在中国驻捷克大使馆、中国教育国际交流协会、赫拉德茨-克拉洛韦大学和国内高校的鼎力支持与协助下，经过 8 个月的精心准备，长江大学完成了主题为"中捷共同奋进新时代"的视频、画册和文字总结材料。在 2021 年 12 月 2 日的中国—中东欧国家高校联合会第七次会议的专题研讨环节，大会同步发布了由长江大学制作的中东欧国家月—捷克月主题活动视频。该视频采用解说、采访、独白、自述、动画、图文拼接等多种形式展现了中国与捷克在教育交流及合作等方面的成果。长江大学和赫拉德茨-克拉洛韦大学也受邀做了主题分享，受到了与会各国代表的高度认可。

2021 年 12 月，长江大学和赫拉德茨-克拉洛韦大学两校代表出席
中国—中东欧国家高校联合会第七次会议

四、未来展望

中捷两国虽然地域相隔千里，然"志合者，不以山海为远"。随着"一带一路"建设在捷克的不断推进，中捷在教育领域携手并进、融会贯通，谱写了一曲人才沟通与学术精进的动人篇章，为两国合作奠定了坚实的基础。长江大学与赫拉德茨-克拉洛韦大学将在中国—中东欧国家合作机制的基础上，继续夯实已有交流成果，广泛开展领导互访、师生互派、联合科研、研修访学和人文交流，有序推进长江大学—捷克赫拉德茨-克拉洛韦大学毒理学联合实验室建设，锲而不舍、驰而不息，将这条合作之路、希望之路、共赢之路走得更加坦荡，共同为汇聚亚欧大陆东西两端发展的无限潜能贡献力量。

撰稿：长江大学 凡启兵、曾亚军、刘義萌

【长江大学简介】

长江大学（Yangtze University）是湖北省属高校中规模最大、学科门类较全的综合性大学，是国家"教育强国推进工程"入选高校，湖北省重点建设的四所高水平大学之一，湖北省"国内一流大学建设高校"，也是湖北省人民政府与中国石油天然气集团有限公司、中国石油化工集团有限公司、中国海洋石油集团有限公司共建和湖北省人民政府与国家农业农村部共建的高校。长江大学位列 2022 软科中国大学排名第 174 位，工程学、植物学与动物学、农业科学、地球科学、临床医学、化学等 6 个学科进入 ESI 全球排名 1%。

学校坚持开放办学，先后与美国、英国、爱尔兰、韩国、日本、俄罗斯、澳大利亚、捷克等国家的百余所院校机构建立了实质性合作关系，加入中国—中东欧国家高校联合会等 10 余个大学联盟，常年开展学生互派，学者互访和联合科研等交流合作。学校与爱尔兰香农理工大学合作举办土木工程专业本科教育项目，与捷克赫拉德茨-克拉洛韦大学共建毒理学联合实验室，与韩国首尔大学、加拿大卡尔加里大学共建中韩加园林植物资源利用与种质创新中心，与澳大利亚塔斯马尼亚大学共建澳中植物逆境生物学研究中心等国际联合科研平台，是国家留基委创新型人才国际合作培养项目实施单位。学校被批准为教育部招收香港、澳门和台湾地区高中毕业生高校，具有招收中国政府奖学金来华留学生（CSC）资格，设有 HSK（新汉语水平考试）考点，在校留学生来自美国、法国、加拿大、俄罗斯、哥伦比亚、印度尼西亚、巴西、摩洛哥、巴基斯坦、尼泊尔、加纳、巴布亚新几内亚等五大洲的 69 个国家。

【合作单位简介】

赫拉德茨-克拉洛韦大学（University of Hradec Králové）始建于 1959 年，是捷克一所优秀的综合性大学，现有在校人数约 7 000 人，与我国近 10 所高校建立了合作伙伴关系。学校位于赫拉德茨古城中心，国际化程度高，与北美、南美、非洲、亚洲和欧洲多国的大学建立了丰富的国际联系。学校以信息学和管理学院的经济学、信息学与管理领域,教育学院的教学、艺术与语言学科,科学学院的自然科学与工程领域,哲学学院的社会科学与人文学科见长。

2021年,赫拉德茨-克拉洛韦大学首次进入QS世界大学排名,并列入第801~1 000位;在捷克大学排名中位列前10;2020年泰晤士高等教育新兴经济体大学排名第401~500。

2015年,时任国务院副总理刘延东与世界卫生组织总干事陈冯富珍曾在该校共同出席了中东欧第一所中医中心的揭牌仪式。

附录

中国—中东欧国家高校联合会简介

2013年11月，中国—中东欧国家领导人会晤在罗马尼亚布加勒斯特举办。会晤期间，中国与中东欧国家共同发表了《中国—中东欧国家合作布加勒斯特纲要》（以下简称《纲要》）。为落实《纲要》精神，在教育部的大力支持下，在中国—中东欧教育政策对话会议框架下，2014年9月中国—中东欧国家高校联合会（China-CEEC Higher Education Institutions Consortium，以下简称联合会）正式成立。

联合会本着"相互尊重、平等互利、合作共赢"的宗旨，通过搭建中国与中东欧国家高校间高质量交流合作平台，发挥成员高校的主动性和积极性，整合与共享资源，深化中国与中东欧各国教育交流与合作，推动本国教育发展，夯实区域经济建设、文化进步和社会可持续发展。

联合会中方秘书处设在中国教育国际交流协会，中东欧方秘书处由中东欧国家成员高校轮值担任，第一届秘书处为保加利亚索非亚大学（2014—2016年），第二届秘书处为塞尔维亚诺维萨德大学（2017—2019年），现任第三届秘书处为罗马尼亚布拉索夫特兰西瓦尼亚大学（2020年至今）。截至2023年11月，联合会共有成员院校335所，并在中国和中东欧国家召开八次联合会会议。

一、联合会学科或院校建设共同体

为发挥成员高校优势学科引领作用，中国教育国际交流协会通过建立学科或院校建设共同体促进内部资源共享，已先后成立经济学、法学、教育学、文学、历史学、理学、工学、医学、农业与生命科学、应用技术及体育学11个学科或院校建设共同体。每个学科或院校建设共同体由中欧双方各一所高校牵头，带领成员高校发挥学科优势、打造品牌活动，扩大欧方院校的参与范围，取长补短，互学互鉴。

二、中国—中东欧国家高校联合教育项目

自2019年开始，中国教育国际交流协会连续开展中国—中东欧国家高校联合教育

项目，鼓励和资助中国和中东欧国家高校联合开展教育合作项目，至今已立项 110 个项目，合作对象覆盖所有中国—中东欧国家合作成员国，有力促进了中国—中东欧国家高校的务实合作与交流。

三、中国—中东欧国家教育能力建设项目

为进一步加强中国与中东欧国家教育合作与交流，落实《中国—中东欧国家合作杜布罗夫尼克纲要》精神，共同提升中国与中东欧国家教育质量与水平，中国教育国际交流协会邀请中东欧国家教育行政主管部门高级官员、研究机构负责人、大学校长来华访问。通过访问中国教育行政管理部门，与地方省市教育管理者交流座谈，深入了解中国政治、经济、文化、社会和教育领域改革实践与发展，推动中国与中东欧各国教育界领导、专家和学者相互了解，促进双方深度交流与合作。

四、驻华外交官中国行

为推动中国与中东欧国家教育合作可持续稳步发展，中国教育国际交流协会组织驻华外交官走访中国教育行政管理部门、学校和机构，向外交官展示真实、立体、全面的中国教育发展历程与实践，为外交官与中国教育管理者提供深入交流的机会，让外交官了解中国基础教育人才培养理念和高校国际化发展路径等。

五、中国—中东欧国家高校合作指南

为进一步推动中国与中东欧国家高校务实合作，中国教育国际交流协会组织汇编《中国与中东欧国家高校合作指南》（以下简称《指南》）。《指南》首次对中东欧国家高等教育情况进行了系统和全面的介绍，帮助中国高校结合自身优势和实际需求与中东欧国家高校开展更具针对性和实操性的高质量合作。《指南》获 2022 年度 CTTI 智库研究精品成果一等奖。

六、中国—中东欧国家教育交流网

为打造中国—中东欧国家教育交流合作数据中心和信息枢纽，由中国教育国际交流协会负责管理和指导的中国—中东欧国家教育交流网（以下简称交流网）于 2023 年 5 月正式上线发布。交流网集资讯发布、项目申报、合作指南和课程学习的功能和特点于一体，及时发布教育交流合作信息，展示教育、人文合作项目与成果，致力于推动数字教育资源共享，构建惠及各方、开放包容、便捷稳定、富有生机活力的信息网络空间。详情请见：https://china-ceec.ceaie.edu.cn/。

七、中国—中东欧国家教育合作空间展

中国—中东欧国家教育合作空间展精选十年来联合会中方成员高校与中东欧国家开展教育合作交流的典型图文视频，全景式展示中国与中东欧国家合作亮点，助力中国和中东欧国家合作行稳致远。

详情可扫描二维码进入中国—中东欧国家教育合作空间展浏览。

中国—希腊高等教育交流合作咨询委员会简介

2021 年 10 月，中国教育国际交流协会同希腊教育与宗教事务部共同成立中国—希腊高等教育交流合作咨询委员会（以下简称中希委员会），并联合发布《中国—希腊高等教育交流合作倡议》。中希双方教育部领导及中希委员会专家代表以线上线下方式出席中国—希腊高等教育交流合作咨询委员会成立仪式暨中国—希腊高等教育合作研讨会。

中希委员会旨在统筹协调中国高校与希腊高校对接和交流，积极融合两国高等教育优质资源，深入挖掘双方高校关切点，推动双方高校开展硕士、博士阶段人才双向联合培养，以及学者互访、学生交换等多项交流合作。

中方委员会专家由中国教育国际交流协会指定，希方委员会专家由希腊教育与宗教事务部指定。

编后记

2022 年，中国—中东欧国家合作迎来启动十周年。十年合作已形成涵盖多个务实合作领域的立体合作架构，具有单纯的双边合作无法比拟的规模效应和整合优势，成为双边关系、中欧合作之外，助推中国与中东欧国家友好关系发展的又一重要引擎，有效提升了中国同中东欧国家整体合作水平，为双方人民带来了切实的好处。

2014 年，为落实中国与中东欧国家共同发表的《中国—中东欧国家合作布加勒斯特纲要》，在中国教育部的大力支持下，在中国—中东欧教育政策对话会议框架下，中国—中东欧国家高校联合会（以下简称联合会）正式成立。九年来，中国教育国际交流协会充分发挥联合会中方秘书处职能，与中东欧方秘书处一道为 300 余所成员高校搭建合作平台，共建 11 个学科或院校建设共同体，鼓励并资助开展专项课题，汇编高校合作指南，组织"走近中东欧"系列讲座和成员能力建设活动，开展"驻华外交官中国行、中东欧国家月主题活动"等，现已成为双方教育合作的旗舰品牌。

为献礼中国与中东欧国家合作十年成就，联合会发起中国—中东欧国家教育合作优秀案例征集工作。经深耕中国与中东欧国家合作和研究区域国别的专家遴选、评审、校稿等，最终结集出版《中国—中东欧国家教育合作优秀案例选编》，多维度展现了中国与中东欧国家高校多年来坚持务实合作、不断拓展交流模式的经验和成果，希望为高校间合作提供新思路、挖掘新机遇、拓宽新赛道。下一步，双方将在新形势下擘画新蓝图，谋划新时代。

在教育部国际合作与交流司的指导和支持下，汇编工作始终以推动教育高质量发展为基调开展。感谢联合会成员高校对汇编工作的关注、支持和入选案例作者多次的润色和校对；感谢专家团队对汇编的专注和专业评审，为汇编高质量出版付出大量心血；感谢中国人民大学出版社对汇编出版的支持与配合，使本书最终顺利出版。

我们愿以本书出版为契机，期盼中国与中东欧国家高校以更加坚定的信心，迎来更为广阔的合作前景；以互信、包容、开拓、创新的精神，走出一条符合各方需求的合作之路。

中国教育国际交流协会

中国—中东欧国家高校联合会中方秘书处